GEREON TING

KLEINE RETRIEVER SCHULE

*Die Grundausbildung des Retrievers
bis zur Begleithundeprüfung*

Ting, Gereon
Kleine Retrieverschule
Die Grundausbildung des Retrievers bis zur Begleithundeprüfung
5. überarbeitete und verbesserte Auflage 2000

Bilder: Wolfgang Geske
Michael Höfer
Gereon Ting

Layout: Stephan Burzlaff

ISBN 3-931969-11-8

Copyright 1991 Romney's Verlag Beate Ting
Milliehausen 1
31848 Bad Münder
Tel.: 05042 - 96 990-0
www.romneys.de
email: info@romneys.de

Alle Rechte vorbehalten.
Kein Teil dieses Buches darf nachgedruckt, in ein Mediensystem aufgenommen oder übertragen werden, ohne vorherige Genehmigung des Verlages.

Printed in Germany

INHALTSVERZEICHNIS

VORWORT 6
EINIGE BEMERKUNGEN VORAB 10

1
WELCHE VORAUSSETZUNGEN SIND NOTWENDIG? 15

2
DAS SITZ 25

3
DIE LEINENFÜHRIGKEIT 33

4
FOLGEN FREI-BEI-FUSS 45

5
HALT AUF PFIFF 51

6
KOMMEN AUF BEFEHL 59

7
PLATZ ODER DOWN 67

8
DAS APPORTIEREN 75

9
DAS SCHIESSEN 84

TIPS ZUM UMGANG MIT DOMINANTEN HUNDEN 86

PRÜFUNGSORDNUNG FÜR BEGLEITHUNDE DES "DEUTSCHEN RETRIEVER CLUB" E.V. 90

PRÜFUNGSORDNUNG FÜR BEGLEITHUNDE DES "LABRADOR CLUBS DEUTSCHLAND" (LCD) 99

PRÜFUNGSORDNUNG BEGLEITHUNDE IM DEUTSCHEN RETRIEVERCLUB (DRC) 102

KURZÜBERSICHT 108

LITERATURHINWEISE 114

FÜR SWANTJE UND JODY
SIE HABEN MIR VIELES BEIGEBRACHT

Vorwort

Dieses Heftchen ist als Gedankenstütze und Begleiter für alle gedacht, die mit ihrem Retriever einen Ausbildungskurs besuchen. Solche Kurse, z.B. für Welpen oder Anfänger werden mittlerweile in Deutschland mehr und mehr angeboten.

In vielen unserer Nachbarländern sind sie schon seit Jahren eine feste und bewährte Einrichtung. Leider gibt es im deutschsprachigen Raum fast keine Literatur zur Ausbildung von Retrievern, so daß auch kaum eine Möglichkeit besteht, die in einem Ausbildungskurs erlernten Dinge zu Hause noch einmal nachzulesen und zu vertiefen. Dadurch entstand der Gedanke zu dieser Broschüre.

Die Vorteile und Qualitäten eines erfahrenen Trainers kann sie allerdings nicht ersetzen. Hundeerziehung ist keine theoretische "Wissenschaft", sondern beruht zu einem großen Teil auf praktischer Erfahrung und dem berühmten "Händchen" für einen Hund. Kein Buch kann Ihnen vermitteln, ob Sie mit Ihrem Hund zu hart oder zu weich umgehen.

Ein erfahrener Ausbilder wird dieses aber sofort erkennen und Sie darauf hinweisen. So kann auch ein unerfahrener Hundebesitzer in relativ kurzer Zeit das nötige "Handling" in Zusammenarbeit mit seinem vierbeinigen Partner erlernen.

Erziehung bedeutet vor allem, sich mit einem Tier verständigen zu können. Ziel ist es, die Sprache eines Hunde zu verstehen und auch umgekehrt sich ihm verständlich machen zu können. Wer die Kommunikation Mensch - Hund beherrscht, wird kaum Probleme im Zusammenleben mit dem Tier haben und kann auch jederzeit die weitere Ausbildung seines Hundes selbst kreativ weiterentwickeln.

Mit der Anschaffung eines Retrievers haben Sie eine Entscheidung getroffen, die Ihr Leben und das Ihrer Familie zumindestens bedingt beeinflußt. Ein Retriever bringt viele gute Eigenschaften mit. Sie nicht zu fördern kann bedeuten, daß auch ein Retriever im Alltagsleben mehr zur Belastung wird, als Sie ursprünglich gedacht hatten. Die Anlagen eines Retrievers zu fördern - zu mindestens bis zum Niveau der Begleithundeprüfung - bedeutet aber, daß das Zusammenleben mit Ihrem Hund noch angenehmer wird und so ein Stück mehr Lebensqualität erreicht wird.

Im folgenden werden Sie mit den Grundzügen der Hundeerziehung bis zur "Begleithundeprüfung" vertraut gemacht. Ihr Hund sollte für diese Ausbildung ein Mindestalter von acht Monaten haben. Einige Übungen können zwar sehr schön schon im Welpenalter durchgeführt werden, doch in den meisten Fällen ist die Belastung für einen Welpen zu groß. Zur Früherziehung des Welpen sollten Sie ein speziell darauf abgestimmtes Erziehungsprogramm verwenden.

In der Begleithundeprüfung wird die Basis-Erziehung des Retrievers abgefragt, also Leinenführigkeit, Folgen-frei-bei-Fuß, Sitz, Platz und ein einfacher Apport. Mir geht es aber nicht nur darum, Ihnen die entsprechenden Übungen zu erläutern, sondern ich möchte Ihnen ebenso die Hintergründe und das "Warum?" der Verständigung zwischen Hund und Mensch näher bringen.

Bad Münder im März 1991
Gereon Ting

Vorwort zur 4. Auflage

Erneut entsteht eine Auflage der "Retrieverschule", mitlerweile schon die 3. Ich habe versucht aus den Fehlern der vergangenen Ausgaben zu lernen und wiederum einiges zu verbessern. So ist diese Ausgabe nicht nur technisch, sondern auch inhaltlich und vom Bildmaterial her vollkommen neu überarbeitet. Auch Anregungen und Ideen von Lesern und Freunden fanden ihren Niederschlag.

Zu danken habe ich Michael, Yorinde und Sabine, die spontan bereit waren mich mit ihren Hunden zu unterstützen. Ferner Herrn Hanken, der als Retter in der Not fungierte und technischen Beistand leistete. Allen Mitgliedern des "Retriever-Treff Hannover" und vielen anderen Hundefreunden, mit denen ich viel Freude hatte und vieles lernen konnte.

Ich wünsche Ihnen viel Spaß beim Lesen, vor allem aber im Zusammenleben und bei der Arbeit mit Ihrem Hund. Ohne unsere vierbeinigen Freunde würde doch ein großes Stück Lebensqualität fehlen.

Eimbeckhausen im Oktober 1992
Gereon Ting

Vorwort zur 5. Auflage

Seit der ersten Auflage sind nun schon 9 Jahre vergangen. In dieser Zeit hat sich gerade bei den Retrievern doch einiges verändert. Vorbei sind die Zeiten, bei denen wir mit dem Auto angehalten haben, wenn wir einen Labrador oder Golden sahen. Inzwischen erfreuen sich diese Rassen grosser Beliebtheit.

Eines jedoch hat sich nicht verändert: die meisten Retriever sind reine Familienhunde. Sie teilen mit ihre Familien den Alltag. Ein gutes Maß an Erziehung ist dafür sehr hilfreich.

Dieses Buch dient als Vorbereitung zur Begleithundeprüfung. Wie dieser Name schon sagt, geht es dabei um Erziehung zum Begleithund. Und genau das ist der Retriever am liebsten.

Wer dabei Spass an der gemeinsamen Arbeit mit seinem Retriever bekommen hat und nun weitergehend etwas tun möchte - sei es Apportierarbeit, Agility, Katastrophenhund oder sonstiger Hundesport - eine solide Ausbildung zum Begleithund legt eine erstklassige Basis.

Und etwas wird sich sicher nie ändern: ein gut erzogener Hund genießt letzlich mehr Freiheit und hat mehr vom Leben. In diesem Sinne wünschen wir Ihnen viel Freude bei der gemeinsamen Arbeit, welches Ziel auch immer Sie persönlich anstreben.

Eimbeckhausen im Mai 2000
Gereon Ting

Einige Bemerkungen vorab

Ein neues Mitglied ist in Ihre Familie gekommen, ein Retriever. Sicher haben Sie sich schon Gedanken darüber gemacht, wo Ihr neuer Hund schlafen soll, was er zu fressen braucht, wie oft er spazieren gehen muß usw.. Doch nicht nur die Befriedigung dieser Grundbedürfnisse ist wichtig für ein langes und harmonisches Zusammenleben mit Ihrem Vierbeiner, mindestens ebenso entscheidend ist, daß Sie Ihrem neuen Familienmitglied ein Minimum an Erziehung und Ausbildung zukommen lassen. Dieses nicht nur, damit er sich im Haus und in der Öffentlichkeit einigermaßen manierlich benehmen kann, sondern auch, um einen Herzenswunsch Ihres Hundes zu erfüllen: In der Sicherheit und Geborgenheit eines intakten (Familien-) Rudels leben zu können.

Alle heutigen Haushunde haben von ihrem Stammvate dem Wolf bestimmte Anlagen übernommen, die auch nach vielen hundert Jahren Zucht und gezielter Selektion heute noch erhalten sind. Wolfs- oder Wildhundrudel sind hierarchisch organisierte Gemeinschaften, in denen jedes Mitglied seinen festen Platz und seine Aufgabe hat. An der Spitze steht das sog. Alphatier, ein erfahrener Rüde oder eine Hündin, von dem das Rudel geführt wird. Dieses Tier hat zwar eine dominante, den anderen überlegene Stellung, andererseits hat es auch die Sorge für das Überleben des Rudels zu tragen. In absteigender Reihenfolge haben alle Mitglieder einen bestimmten Platz, bis hin zum Omegatier.

Was bedeutet dieses Wissen nun für das Zusammenleben mit Ihrem Hund? Er sucht eine solche Rudelgemeinschaft, und da er nicht mit Artgenossen, sondern mit Menschen zusammenlebt, braucht er einen Platz in der Rangordnung der Familie. Dieser sollte immer der des Omegatieres sein, d.h.

daß alle menschlichen Familienmitglieder, also auch die Kinder, in der Rangordnung über ihm stehen. Auf diese Art und Weise können Sie lästige, manchmal sogar gefährliche Situationen vermeiden.

Jeder Hund wird versuchen, eine möglichst hohe Position in seinem Familienrudel zu erlangen, und wenn Sie dann nicht als Alphatier auftreten, wird er weder Sie noch die anderen Familienmitglieder respektieren: er wird sein Futter, seine Beute, ebenso wie seinen Schlafplatz verteidigen; vielleicht versucht er auch zu bestimmen, wohin der Spaziergang führt usw.. Um diese Unannehmlichkeiten zu vermeiden, sollten Sie von Anfang an die Rangordnung klarstellen.

Eine Möglichkeit dieses zu tun, ist es, Ihrem Retriever ein Minimum an Ausbildung zukommen zu lassen. Dafür müssen Sie kein Profi sein, Sie brauchen dafür nur ein wenig Liebe, Zeit und Geduld. Falls Sie das Glück haben, sich einer Trainingsgruppe anschließen zu können, sollten Sie diese Gelegenheit unbedingt nutzen.

Erziehung bedeutet, wie schon gesagt, vor allem Kommunikation und dazu ist es nötig zu wissen, wie sich Hunde untereinander verständigen. Ein Hund gebraucht nicht, wie wir Menschen, eine verbale Sprache, also Worte oder Laute, sondern in erster Linie seinen Körper als Ausdrucksmittel. Es ist daher ziemlich egal, ob Sie Ihren Vierbeiner in Deutsch, Englisch oder Kisuaheli anreden, wichtig ist allein, daß Sie immer dasselbe Wort für eine bestimmte Handlung benutzen. Durch Wiederholen lernt er dann schnell ein Wort bzw. ein verbales Kommando oder Hörzeichen mit einer bestimmten Handlung zu verknüpfen. Der Klang Ihrer Stimme sollte dabei möglichst immer gleich sein. Wenn Sie Ihren Hund loben, benutzen Sie eine hohe, freundliche Stimme, hat er etwas falsch gemacht, eine dunkle, energische.

Wichtiger noch als die Stimme ist Ihre Körpersprache. Ein Hund ist ein viel besserer Beobachter als jeder Mensch. Er registriert schon kleinste Abweichungen Ihrer Körperhaltung, sieht kaum wahrnehmbare Bewegungen und kann daraus Stimmungen, Empfindungen und vieles mehr erkennen.

Für die Ausbildung bedeutend dieses, daß wir unseren Körper ebenfalls als Hilfsmittel der Verständigung einsetzen. So können Sie sich z.B. klein machen und auf den Boden setzen, sich auf die Ebene Ihres Hundes begeben, um ihn zu locken, zu loben und mit ihm zu spielen. Richten Sie sich hingegen hoch über ihm auf, überragen Sie ihn und dominieren ihn damit. Die genaue Anwendung dieser Signale erfahren Sie in den weiteren Kapiteln.

1

WELCHE VORAUSSETZUNGEN SIND NOTWENDIG ?

Nun, das sind nicht viele. Prinzipiell können Sie zu jeder Zeit und mit Hunden jeder Altersstufe beginnen. Nur, je früher Sie beginnen, desto einfacher, erfreulicher und erfolgreicher ist die Erziehung. Ein Welpe von 8 oder 10 Wochen ist fast wie ein unbeschriebenes Blatt Papier: Sie können festlegen wie und was er lernt. Natürlich muß die Ausbildung seiner körperlichen Entwicklung angepaßt sein. Seine Geduld und Konzentrationsfähigkeit kann nur langsam gesteigert werden, aber er wird begierig sein zu lernen, um Ihnen zu gefallen. Sie sollten jedoch vorsichtig sein und ihn keinesfalls überfordern. Die Freude an der gemeinsamen Arbeit ist das höchste Ziel in der Welpenerziehung.

Unser Buch "Kleine Welpenschule für Retriever" (siehe auch Literaturhinweise) befasst sich speziell mit Fragen der Welpenaufzucht, Sozialisierung und Erziehung.

Mit einem erwachsenen Hund brauchen Sie etwas mehr Zeit und Geduld, da er in seinem Leben schon viel gelernt hat. Bestimmt nicht immer das Gewünschte und sicher auch häufig, ohne daß Sie es bemerkt haben. Erstaunt wird er vielleicht registrieren, daß Sie ihm z.B., nachdem er schmutzig und naß vom Spaziergang nach Hause kommt, plötzlich seinen Stammplatz auf dem Sofa streitig machen wollen, und sogleich versucht er Sie unmißverständlich und immer wieder auf diesen Irrtum Ihrerseits hinzuweisen.

Nun heißt es Ruhe und Geduld zu bewahren. Ihre Konsequenz ist jetzt entscheidend für den Erfolg dieser Erziehungsmaßnahme, Sie dürfen nicht ein einziges Mal nachgeben. Auf diese Art und Weise lernt auch ein erwachsener Hund und ist durchaus in der Lage, sich schnell neuen Gepflogenheiten anzupassen.

Üben sollten Sie möglichst regelmäßig. Am besten zweimal fünf Minuten pro

Tag, z.B. während der täglichen Spaziergänge. Es ist viel sinnvoller mehrmals täglich kurze Übungsintervalle einzulegen, als einmal einen längeren Zeitraum. Überfordern Sie nicht die Konzentrationsfähigkeit Ihres vierbeinigen Partners. Auch sollten Sie nie mit ihm arbeiten, wenn Sie gereizt, nervös oder schlechter Stimmung sind. Dies überträgt sich sofort auf den Hund und der gewünschte Lernerfolg wird ausbleiben. Das gemeinsame Arbeiten sollte für beide Teile eine erfreuliche Angelegenheit sein und daher auch immer mit einer erfolgreichen Übung abgeschlossen werden. Nicht nur Sie, auch Ihr Hund braucht den Erfolg, als Motivation und Triebfeder zum Weitermachen!

Sollte einmal überhaupt nichts klappen, beenden Sie das Training mit einer einfachen, aber erfolgreichen Übung und machen Sie am nächsten Tag weiter, dann wird es sicherlich besser laufen.

Üben Sie nicht immer auf demselben Gelände. Je abwechslungsreicher und spannender Sie das Training gestalten, um so sicherer werden Sie das Erlernte auch in wechselnden Alltagssituationen umsetzen können. Wie schon gesagt, meine Empfehlung ist, auf jedem Spaziergang eine kleine Übungslektion durchzuführen. So haben beide Gelegenheit, sich vorher und nachher zu entspannen und das Training wird nicht zu einer trockenen und unerfreulichen Pflichtübung.

Weiterhin sollten Sie bequeme, wetter- und waschmaschinenfeste Kleidung tragen. Ein Hund kann kaum begreifen, warum Sie nicht erfreut sind, wenn der gute Sonntagsanzug/-Kleid mit Schlamm und Dreck beschmutzt ist. Auch sollte Hundeerziehung immer eine freundliche und spielerische Angelegenheit sein, so daß ein guter Ausbilder auch häufig zu Boden muß, um ausgelassen mit seinem Vierbeiner umherzutollen.

Als Handwerkszeug brauchen Sie eine feste, ca. 120-140 cm lange Leine. Dazu gehört ein Zughalsband (im Deutschen unzutreffenderweise oft Würgehalsband genannt). Ich benutze am liebsten eine sog. Moxonleine, im Prinzip nichts anderes ist, als ein Seil mit einem Ring am Ende. Steckt man das eine Ende des Seil durch diesen Ring, wird eine Schlaufe gebildet und man hat Halsband und Leine in einem. Erfunden wurde dieses so praktische Ausbildungs-Utensil von P.R.A. Moxon, einem professionellen Hundetrainer aus England. Egal, was Sie bevorzugen, wichtig ist, daß Sie mit einem Zughalsband arbeiten, denn damit können Sie auf Ihren Hund in für ihn verständlicher Weise einwirken: Ein schneller, fester Ruck bewirkt ein kurzes Zusammenziehen der Halsung. Richtig angewendet erzeugt dies beim Hund Aufmerksamkeit. Es soll dabei auf keinen Fall gewürgt werden.

Bei Verwendung einer Moxonleine oder eines Zughalsbandes müssen Sie allerdings unbedingt darauf achten, daß diese(s) korrekt angelegt wird. Dies ist von der Seite abhängig, an der Sie Ihren Hund führen. Im Normalfall ist dies die linke Seite. Um den Hund richtig anzuleinen, lassen Sie ihn zuerst links neben Ihnen sitzen. Streifen Sie ihm dann die Schlinge der Moxonleine (bzw. das Zughalsband) so über den Kopf, daß das Ende mit dem Ring parallel zu Ihrem linken Bein nach unten läuft. Um Mißverständnisse zu vermeiden: der Teil des Seils, an dessen Ende sich der Ring befindet, soll an der rechten Seite des Hundes von oben nach unten und über die linke Hundeseite zum Nacken führen. Vergleichen Sie dazu auch bitte das Foto. Bei nicht korrekt angelegter Halsung öffnet sich diese nämlich nicht selbstständig und sofort wieder. Ihr Hund spürt einen dauernden Zug. Ganz einfach üben Sie es einmal bei sich selbst. Wenn Ihnen ein anderer Mensch Sie kurz, aber spürbar antippt, werden Sie ihm sofort Ihre Aufmerksamkeit zuwenden. Wenn sich aber jemand gegen Sie lehnt, reagiert man automatisch mit Gegendruck. Beim Hund ist dies nicht

Korrekt angelegte Moxonleine

viel anders.

Im Verlaufe des Trainings werden Sie feststellen, daß Ihr Hund für ein erwünschtes Verhalten drei Arten von Kommandos kennenlernt:

1. mittels Stimme
- verbales Kommando

2. mittels Handzeichen
- optisches Kommando

3. mittels Pfeife
- ein akustisches Kommando

So kann z.b. der Befehl "Sitz" durch das gesprochene Wort, durch die hoch erhobene, offene Hand, als auch durch einen Trillerpfiff dem Hund übermittelt werden. Auf diese Weise haben Sie zu jeder Alltagssituation eine passende Möglichkeit sich mit Ihrem Tier zu verständigen. In schwierigen Momenten kann durch Addition der unterschiedlichen Arten ein Kommando zu geben auch eine Verstärkung Ihrer Einwirkung erreicht werden.

Die Anschaffung einer Hundepfeife kann ich daher nur empfehlen. Sie dient ggf. als Ersatz für Ihre Stimme, da Sie damit einfacher auch auf große Entfernung und bei lauteren Umweltgeräuschen (z.B. Wind) auf den Hund einwirken können. Lassen Sie aber die sog. 'lautlosen' Hundepfeifen im Laden liegen und kaufen stattdessen lieber eine solide 'Doppelton-Pfeife'. Sie haben damit die Möglichkeit, Ihren Hund mit einem hohen, lockenden Ton herbeizurufen, als auch ihn mittels eines Trillers zu stoppen. Die genaue Anwendung der einzelnen Signale ist in den weiteren Kapiteln erklärt. Die Pfeife hat zudem den Vorteil, dass sie weitesgehend "gefühlsfrei" ist. Das

Signal ist konstant und unabhängig von gefühlsmäßigen Untertönen, wie z.B. Ärger etc.

Zwei Grundsätze sollten Sie beim Training auch immer beachten: Nie mit einem Hund arbeiten, der gerade gefressen hat. Zum einen erhöht es das Risiko der sog. Magendrehung, einer lebensgefährlichen Erkrankung, die nur durch sofortige Hilfe eines Tierarztes behoben werden kann. Zum anderen gilt auch bei Hunden das Motto: "Ein voller Bauch studiert nicht gern". Halten Sie besser Ihre Übungen vor den Mahlzeiten Ihres Vierbeiners ab.

Ein zweiter und sehr wichtiger Grundsatz ist: Nur mit einem ausgeruhten und frischen Hund arbeiten. Ein Hund, der vorher getobt und gespielt hat, ist nicht nur körperlich, sondern vor allem auch geistig nicht mehr voll aufnahmefähig und leistungsbereit. Kein Mensch würde auf die Idee kommen, direkt vor einer anstrengenden, neuen Aufgabe, ein Fußballspiel o.ä. zu betreiben. Viele Hundebesitzer denken jedoch, ihr Vierbeiner müsse vor einer Übungsstunde erst einmal ausführlich rennen und toben. Im Nachhinein wundern sie sich, daß ihr Retriever nur noch wenig Interesse an der gemeinsamen Arbeit zeigt. Üben Sie also nur mit einem ausgeruhten Tier, dessen Konzentration- und Aufnahmefähigkeit entsprechend hoch ist. Auf diese Weise werden die gemeinsamen Übungen effizienter und erfolgreicher und bereiten allen Beteiligten mehr Freude.

Weiter benötigen Sie kleine Belohnungshäppchen, sog. Leckerchen. Ich persönlich nehme dafür Katzen-Trockenfutter. Diese Häppchen sind so klein, dass der Hund nicht erst einmal anhalten und ausgiebig kauen muss. Wichtig ist auch ein Dummy. Dies ist ein gefülltes Segeltuchsäckchen, das auch schwimmt und zum Apportieren verwendet wird. Gebrauchen Sie nach Möglichkeit kein Holz-Apportel, da der Retriever bekannt ist für sein weiches

Maul, d.h. seine sanfte und behutsame Art des Tragens, und dieses durch Verwendung harter Apportiergegenstände nicht gefördert wird. Das Apportieren gehört zu den natürlichen Anlagen eines Retrievers und ist deshalb neben dem Sitz, Platz, der Leinenführigkeit und dem Folgen-frei-bei-Fuß ebenfalls Teil der Grunderziehung.

Ein wenig Theorie - Wie lernt ein Hund

Grundsätzlich bringen Sie ihrem Hund nichts bei, das er nicht schon kann und von sich aus tut. Der Hund kann sitzen, laufen, liegen und meistens auch apportieren. Es geht also darum, bestimmte Tätigkeiten abzurufen, wann Sie wollen. Der Hund reagiert also auf ein bestimmtes Kommando mit der entsprechend eingeübten Handlung.

Dies kann man beispielsweise dadurch erreichen, dass man immer das Kommando "Sitz" verwendet, sobald der Hund sich von selbst hinsetzt. In dieser scheinbar simplen Methode steckt schon alles, was Hundeausbildung ausmacht:

- geplantes Handeln
- genaue Beobachtungsgabe
- gutes Timing (der richtige Zeitpunkt)
- ständige Wiederholung.

Dies mag sich leicht anhören, ist aber in der Umsetzung oft schwieriger, als man denkt. Un dieses Beispiel macht klar, dass es an Ihnen liegt, ob, was und wie schnell Ihr Hund lernt.

Dabei steckt der Teufel oft im Detail. Gerade in der Hundeausbildung sollte man kein Auge zudrücken, wenn der Hund erst nach dem zweiten Kommando reagiert oder ob er eher vorläuft oder nachhängt. Ohne padantisch zu sein, ist die genaue Ausführung von Mensch (richtiges Kommando) und Hund (richtige Handlung) enorm wichtig für den Erfolg.

Wir benutzen oft für die Ausbildung den Begriff "mit dem Hund arbeiten". Leider wird dies so mißverstanden, sich selbst und dem Hund eine eher unangenehme Pflichterfüllung zuzumuten. Für mich sollte bei der Hundeausbildung die Freude am gemeinsamen Tun im Vordergrund stehen. Es ist nicht nur so, dass ein gut erzogener Hund mehr Freiheiten geniesst. So wie wir Menschen erbringen auch Hunde gerne eine Leistung und werden natürlich anschließend gerne gelobt.

Noch etwas sei hier noch einmal ausdrücklich betont: ein Hund möchte es eigentlich immer richtig machen! Es liegt an Ihnen, diese Bereitschaft in die richtigen Bahnen zu lenken.

DAS SITZ

Sitz ist das einfachste und daher auch das erste Kommando, das Ihr Vierbeiner lernt: Während der Hund vor Ihnen steht, halten Sie mit der rechten Hand ein Leckerchen hoch. Er wird hochschauen und fast automatisch wird sich sein Hinterteil in Richtung Erdboden bewegen, gleichzeitig sagen Sie laut und deutlich "Sitz". Kaum sitzt er, loben Sie ihn und geben ihm das Leckerchen. Sollte Ihr Hund zu den intelligenten Vertretern seiner Rasse gehören und versuchen durch hochspringen an das Belohnungshäppchen zu gelangen, gehen Sie einfach einen Schritt zurück und drücken mit Ihrer linken Hand sanft auf seine Kruppe (sein Hinterteil) bis er sitzt. Anschließend verfahren Sie, wie oben beschrieben. Durch häufiges Wiederholen lernt Ihr Vierbeiner schnell, sich auf das verbale Kommando "Sitz" oder auch das optische, die hoch erhobene Hand (später ohne Leckerchen) zu setzen.

Das Sitz-bei-Fuß ist die Ausgangsposition für jede Übung. Von elementarer Wichtigkeit ist hierbei schon, wie bei allen anderen Übungen auch, Ihre Konsequenz (nicht zu verwechseln mit Härte!). Jedes Kommando muß auch durchgesetzt werden! Reagiert Ihr Retriever nicht sofort auf das erste "Sitz", drücken Sie ihn sanft, aber bestimmt, in die gewünschte Lage. Wiederholen Sie keinesfalls das Kommando so lange bis Ihr Hund sitzt.

"Sitz bei Fuß", Hilfestellung mit der linken Hand

Leider sieht man immer wieder verzweifelte Hundebesitzer, die geduldig vor ihrem Vierbeiner stehen und eine endlose Litanei von Kommandos aufsagen, bis sie schließlich so wütend werden, daß die Übung mit einem wilden Aufschrei "Nun setz dich doch endlich hin, Du...!" beendet wird. Spricht man sie darauf an, so erzählen sie meistens: "Er/Sie weiß doch ganz genau, was er/sie tun soll, aber..."

Ganz gleich aus welchen Gründen sich unser Genius nicht hinsetzen wollte (oder was immer sonst Sie von ihm verlangt haben), wenn Sie sich nicht immer nach dem ersten Kommando durchsetzen, erreichen Sie nur, daß Ihr Hund 'harthörig' wird. Nach einiger Zeit reagiert er erst auf das dritte, fünfte, zehnte,... Kommando bzw. erst dann, wenn Ihre Wut einen Punkt erreicht hat, an dem auch Ihr Hund gemerkt hat, daß Sie es ernst meinen. Dies fängt bei den einfachen Übungen an und setzt sich immer weiter fort. Lassen Sie es nicht so weit kommen!

Hat Ihr Hund gelernt, sich auf das Wörtchen "Sitz" hinzusetzen, können Sie ihm das 'Sitz-bei-Fuß' erklären: Der angeleinte Hund befindet sich an Ihrer linken Seite. Sie nehmen die Leine in die rechte Hand und ziehen damit den Hundekopf leicht nach oben. Ihre linke Hand drückt die Kruppe sanft nach unten und gegen Ihren linken Unterschenkel, gleichzeitig geben Sie das Kommando "Sitz-bei-Fuß".

Alles verstanden? Nein?! Also noch einmal zum mitschreiben: Sie müssen drei Dinge zur gleichen Zeit machen: rechte Hand fixiert mittels Leine den Kopf, linke Hand drückt das Hinterteil zu Boden und Ihr Mund gibt das Kommando,- ganz einfach! Wie immer gilt: Durch häufiges und konsequentes Üben, lernt Ihr Hund am schnellsten.

Achten Sie darauf, daß Ihr Hund korrekt neben Ihnen sitzt. Sie merken dies, indem Sie seinen Körper an Ihrem linken Unterschenkel spüren. Sollte er vor oder hinter Ihnen sitzen, haben Sie einen Fehler gemacht, der sich spätestens beim Losmarschieren zeigt, dann bitte von vorne anfangen. Aus diesem Grunde sollten Sie auch bei dieser Übung kein Leckerchen benutzen, da dieses den Hund dazu verleitet, sich vor Sie zu setzen.

So, nun könnten Sie eigentlich aus dieser Position, der Grundstellung, losmarschieren, wie es im folgenden Kapitel, Leinenführigkeit, beschrieben ist. Trotzdem möchte ich an dieser Stelle Ihnen erst einmal die Bleib-Übung erklären. Sie dient nicht nur dazu, daß Ihr Hund lernt auf einem Platz sitzen zu bleiben, egal was passiert, sondern ist gleichzeitig eine Entspannungs- und Beruhigungsübung, vor allem für aufgeregte und unruhige Tiere.

Lassen Sie Ihren Hund dazu in der Grundstellung neben Ihnen sitzen. Nehmen Sie die Leine in die linke Hand, die rechte, geöffnete Hand halten Sie deutlich einige Zentimeter vor das Gesicht Ihres Vierbeiners und geben das Kommando "Bleib". Anschließend gehen Sie mit dem rechten Bein einen Schritt nach vorne und drehen sich um, so daß Sie Ihrem Hund gegenüber stehen. Der rechte Arm bleibt dabei ausgestreckt und gibt weiterhin das optische Bleib-

"Bleib" - Übung an der Leine

Signal. Warten Sie einige Sekunden bevor Sie in die Grundstellung zurücktreten und Ihren Partner loben.

Falls es Ihr Retriever nicht ausgehalten hat und aufgestanden ist, quittieren Sie dies mit einem unfreundlichen "Nein" und beginnen die Übung von vorne. Dabei sollten Sie darauf achten, Ihren Hund wieder auf exakt den gleichen Platz zu setzen, an dem er vorher saß. Dank seines hervorragenden Riechorgans kann er dies sehr genau erkennen, während Sie sich z.B. die Stelle durch eine kleine Bodenmarkierung einprägen können. Auf diese Art und Weise vermeiden Sie, daß Ihr Vierbeiner evtl. lernt, bei späteren Übungen langsam und heimlich die nähere Umgebung zu untersuchen.

Bei stark erregten Hunden empfiehlt es sich, falls sich diese nicht setzen wollen, sie mit der Leine so weit hochzuziehen, daß beide Vorderpfoten 2-3 cm über dem Erdboden schweben. Erst wenn der Hund Anstalten macht, sich hinzusetzen, lockern Sie den Zug der Leine. Das Sitz wirkt dadurch entspannend auf das Tier, ebenso wie die Bleib-Übung.

"Bleib - Übung auf kurzer Distanz

Klappt es aber, daß Sie einige Sekunden einen Schritt vor Ihrem Hund stehen können, ohne daß er unruhig wird, entfernen Sie sich jetzt rückwärts gehend so weit es die Länge der Leine erlaubt. Warten Sie wiederum entspannt einige Sekunden. Die Betonung liegt dabei auf entspannt, denn diese Übung soll Ruhe und Sicherheit vermitteln. Schauen Sie Ihr Tier dabei möglichst freundlich an. Diese Übung eignet sich auch gut als Kontaktübung zwischen Ihnen beiden.

Im nächsten Schritt legen Sie die Leine aus dieser Position ausgestreckt auf den Boden und gehen nochmals 1-2 Schritte zurück. Bleibt Ihr Hund weiter ruhig sitzen, können Sie jetzt einmal den Standort verlassen und vor dem sitzenden Tier auf und ab gehen, oder auch seitlich um ihn herum. Bei geringen Zeichen von Unruhe, sollten Sie sofort die Distanz wieder verkürzen. Der Trainingsfortschritt sollte sich immer an den Möglichkeiten des Tieres orientieren. Lassen Sie sich also Zeit und überfordern Sie Ihren Hund nicht.

Schließlich sollten Sie soweit sein, daß Sie in 10-20 m Entfernung vom Hund entspannt 2-3 Minuten warten können, bevor Sie zu Ihrem Tier zurückkehren und dieses natürlich auch beim unangeleint sitzenden Hund. Sehr einprägsam können Sie die Bleib-Übung, wie viele andere Übungen übrigens auch, mit dem täglichen Füttern verbinden. Führen Sie einfach die beschriebenen Lektionen vor den Mahlzeiten durch,- am besten mit der Futterschüssel in der Hand. Das Fressen ist so gleichzeitig Belohnung für einige Minuten konzentrierter Arbeit. Auf diese Art und Weise lernt selbst ein junger Hund in kürzester Zeit ein wenig Disziplin und Selbstbeherrschung.

"Bleib" - Übung schließlich auf große Entfernung

"Bei-Fuß" gehen mit korrekter Leinenhaltung

3

DIE LEINENFÜHRIGKEIT

Vorab einige Bemerkungen darüber, was eine Leine für Ihren Hund eigentlich bedeutet. Im Prinzip sollte sie nichts anderes sein, als ein auch nach außen hin sichtbares Band der tiefen und festen Verbindung zwischen Hund und Mensch. Für Ihren Vierbeiner bedeutet dies u.a. auch Nähe und Schutz durch den Rudelführer. Bei manchen Tieren führt dieses Gefühl der gemeinsamen Stärke dann dazu, daß sie sich angeleint bevorzugt mit ihren Artgenossen anlegen, während sie sich freilaufend ein solches Verhalten erst zweimal überlegen.

Leider meinen manche Menschen, daß eine Leine die einzige Möglichkeit ist, Ihren Hund am Fortlaufen zu hindern. Dies deutet aber immer auf eine Störung in der Beziehung zwischen Hund und Mensch hin. In einem solchen Fall sollten Sie dringend an einem Basiserziehungskurs mit Ihrem Retriever teilnehmen, da Ihr Hund genauso, wie jedes andere Lebewesen ein Minimum an Freiraum und -lauf benötigt.

Ist Ihr vierbeiniger Genosse an der Leine sollten Sie grundsätzlich zwei Regeln beachten:

- Lassen Sie nie zu, daß Ihr Hund an der Leine zieht

Zum einen kann ein Hund nicht verstehen, warum Sie z.B. während des Spaziergangs es tolerieren, daß er wie ein Zugpferd im Geschirr liegt, und wenn Sie mit ihm arbeiten jedes Ziehen an der Leine bestrafen. Zum anderen kann dieses lästige Verhalten auch zu Gefahrensituationen führen, da im entsprechenden Moment die Kraft eines ausgewachsenen Retrievers ausreicht, um auch einen kräftigen Erwachsenen in Verlegenheit zu bringen. So ließ sich z.B. eine junge Dame von ihrem Golden Retriever Rüden auf dem Spaziergang immer an der Leine dorthin ziehen, wo der Hund schnüffeln wollte, da sie dachte der Hund brauche diese "Freiheit". Eines Tages befand sie sich auf dem Heimweg und ging dabei an einer Landstraße entlang. Plötzlich zog ihr Rüde nicht mehr vorwärts, sondern zur Seite, da er im Straßengraben eine interessanten Duft entdeckt hatte. Die Besitzerin stolperte und fiel dabei so unglücklich in den Graben, daß sie anschließend mit einer Gehirnerschütterung das Bett hüten mußte. Dieses Ereignis veranlaßte sie dann allerdings dazu, mit ihrem Tier an einem Erziehungskurs teilzunehmen, um künftig solchen Erlebnissen aus dem Wege zu gehen.

- An der Leine wird nie mit anderen Hunden gespielt

Dies kann einerseits schnell zu gefährlichen Situationen führen, da sich die Hunde leicht in den Leinen verwickeln. Sie können dann nicht mehr ausweichen und es kommt, selbst bei ansonsten absolut friedlichen Hunden, zu Panik und ernsthaften Beißereien. Zum anderen ist die Leine für ein Tier schon eine milde Form von Kommando. Lassen Sie also manchmal zu, daß er seine Aufmerksamkeit dabei anderen Hunden schenkt, werden Sie bei der Leinenführigkeit mit einem vermeidbaren Problem zu kämpfen haben.

Wir persönlich unterscheiden inzwischen genau zwischen dem

"Spaziergang an der Leine"

und einem

"Fuß-Gehen an der Leine".

Die meisten Menschen müssen ihren Hund ganz einfach an die Leine nehmen, um von ihrer Wohnung zum eigentlichen Spaziergeh-Gelände mitzunehmen. Oder man nimmt den Hund mit zum Einkauf in die Stadt, zum Abholen der Kinder vom Kindergarten, kurzum, zu den verschiedensten Anlässen. In all diesen Fällen sollte der Hund manierlich an der Leine gehen. Es ist jedoch nicht notwendig, dass er Ihnen dabei die volle Aufmerksamkeit zuwendet und direkt auf einer Linie mit Ihrem linken Knie läuft, also perfekt bei Fuss geht.

Am besten beginnt man mit "Leinen-Benehmen" natürlich beim jungen Hund. Sobald der Hund die Leine kennengelernt hat und akzeptiert, geht man los den Hund an der linken Seite und ohne jedes Kommando. Sobald der Hund das Ende der Leine erreicht, gibt man einen kurzen und kommentarlosen Leinenruck, am besten noch verbunden mit einer Wendung in die entgegengesetzte Richtung. Das eigene Verhalten dabei ist gleichmütig. Es wird kein Blickkontakt hergestellt und weder unwillig noch freundlich auf den Hund eingeredet. Sie gehen einfach. Die meisten Hunde sind davon ziemlich irritiert. Wird aber ein Ziehen jedes Mal mit einem kurzen Leinenruck quittiert, lernen die Hunde sehr schnell, dass ihnen der Radius der Leine zur Verfügung steht, aber mehr nicht. Und sie bemerken, dass dies für ihren Menschen eine völlig selbstverständliche Angelegenheit ist.

Die Betonung des Leinenrucks liegt dabei auf kurz und kräftig. Es geht nicht darum, Ihren Bizeps zu trainieren, indem Sie Ihren Hund als Hantel benutzen und ihn durchs Gelände ziehen. Vielmehr sollen Sie Ihrem Vierbeiner durch eine kurze körperliche Einwirkung aufmerksam machen. Sofort danach soll die Leine wieder locker durchhängen. Am besten testen Sie dieses Ruck einmal an sich selbst, indem Sie die Moxonleine über Ihr Handgelenk streifen und jemand anderes einen kurzen Ruck geben lassen. Dieser Ruck wird Sie kurz aus dem Gleichgewicht bringen, mehr jedoch nicht. Und genau das wollen Sie bei Ihrem Hund erreichen.

Ich weiss, dass viele Menschen den Leinenruck für eine harte Einwirkung halten. Ich persönlich bin jedoch der Meinung, dass Hunde mit dieser für sie deutlichen Einwirkung von einem gleichbleibend **freundlichen** Menschen sehr gut zurechtkommen. Ganz anders sieht es mit dem seelischen Stress aus, dem viele Hunde gerade an der Leine ausgesetzt sind. Sie werden mit unverständlichen Kommandos bombardiert und müssen sich mit ständig wechselnden Gemütslagen ihres Menschen auseinandersetzen. Das macht sie unsicher und viele reagieren dann mit einer sturen Gleichgültigkeit gegenüber dem Menschen am anderen Ende der Leine. Wichtig für das "Leinen-Benehmen" ist jedoch, dass es immer gefordert wird und nicht nach Laune und Tagesform.

Leider sieht man gerade auf Begleithundeprüfungen immer wieder Gespanne, die das Spazierengehen an der Leine mit "Fuss-Gehen" verwechseln. Der Hund akzeptiert die Leine- mehr aber auch nicht.

Das korrekte Fuss-Gehen jedoch setzt einen aufmerksamen, erwartungsvollen und freudigen Hund voraus, der direkt neben seinem Führer geht in Höhe des linken Fußes geht und jede Wendung und jeden Gangartwechsel bereitwillig und sofort mitmacht.

Hierfür lassen Ihrem Retriever erst einmal an Ihrer linken Seite sitzen. Sie befinden sich jetzt in der korrekten Ausgangsstellung und möchten losmarschieren. Doch bevor Sie dies tun, brauchen Sie das passende Kommando, denn Ihr Hund soll ja lernen, auf ein bestimmtes Hörzeichen (verbales Kommando) hin eine bestimmte Handlung auszuführen. Ihr Vierbeiner lernt jetzt das korrekte Fußgehen an der Leine - also lautet Ihr Kommando "Fuß". Die Leine halten Sie dabei zweckmäßigerweise in der rechten Hand, um die Linke für Einwirkungen frei zu haben. Zur besseren Aufmerksamkeit stellen Sie noch den Namen Ihres Hundes voran, z.B. "Fiffi, Fuß", und es kann losgehen am besten immer mit dem linken Bein. Versuchen Sie eine kurze Strecke geradeaus zu gehen, ohne daß Ihr Hund an der Leine zieht, am Boden schnüffelt o.ä.. Geht alles gut und die Leine hängt schön locker durch, dann halten Sie mit dem Kommando "Sitz-bei-Fuß" an. Erinnern Sie sich noch? Rechte Hand fixiert mit der Leine den Hundekopf, linke Hand drückt die Kruppe sanft nach unten gegen Ihr Bein und Sie geben das Kommando.

Linkswendung mit Blockieren durch das linke Bein

Hat es nicht so gut geklappt, wie es auf dem Papier steht? Nun, das ist kein Wunder, denn Ihr Hund muß ja erst lernen, was das Wort "Fuß" bedeutet. Läuft jetzt alles richtig, sollten Sie Ihren vierbeinigen Partner loben. Nicht zu überschwenglich. Das erst am Ende der Übung, sonst wird er es als Spielaufforderung deuten und Sie müssen wieder korrigieren.

Lob und Tadel sollten auch durch Ihre Stimmlage deutlich für den Hund erkennbar sein. Es kommt dabei nicht auf den Sinn der Worte an, sondern ausschließlich auf den Tonfall. Nutzen Sie die Differenzierungsmöglichkeiten, die Ihre Stimme bietet, um Ihre Einwirkungen mehr oder weniger stark zu unterstützen. Durch gezieltes Einsetzen dieses Hilfsmittels können Sie den Lernerfolg beschleunigen.

Nun gibt es einige Prachtexemplare ihrer Rasse, besonders gern Rüden, die ziehen an der Leine, als gelte es einen Felsbrocken durch die Landschaft zu bewegen. Hier sollte Ihre Einwirkung entsprechend stärker ausfallen. Geben Sie zusätzlich zum Leinenruck noch eine verbale, negative Verstärkung durch ein scharfes "Nein" oder "Pfui". Vor allem aber, lassen Sie sich keinesfalls auf ein Kräftemessen mit Ihrem Tier ein. Die Leine soll Ihrem Hund nicht das Bodybuilding-Studio ersetzen. Führen Sie nur kurze Übungsintervalle durch, denn die Konzentrationsfähigkeit Ihres Hundes ist ebenso, wie Ihre Ausdauer, noch begrenzt. Gestalten Sie die Aufgabe so einfach, wie möglich, also noch keine Ablenkung durch andere Menschen, Hunde usw.. Der Erfolg beflügelt nicht nur Ihren Hund, sondern auch Sie!

Klappt es aber, daß Sie ein kurzes Stück zurückgelegt haben, der Hund am Anfang und am Ende ruhig neben Ihnen saß, dann beginnen Sie diese Strecke allmählich auszudehnen, auf 50 m, 100 m etc.. Sobald Ihr Retriever unruhig wird, anfängt zu ziehen o.ä., verfahren Sie wie oben beschrieben und gehen eine Stufe zurück.

Eine ganz andere Art der Einwirkung braucht allerdings der Hund, der aus irgendwelchen Gründen verunsichert oder ängstlich ist, vielleicht im wahrsten Sinne des Wortes 'starr vor Schreck' sitzen bleibt. Ihn können Sie nicht durch Leinenrucke aus seiner Schreckenshaltung befreien, sondern Sie sollten versuchen, ihm durch Niederknien und freundliches Locken, Sicherheit und Schutz zu vermitteln. Ein unsicherer und ängstlicher Hund ist so existentiell berührt, daß er nichts Neues lernen kann. Sie müssen also zuerst Ihrem Hund die Angst nehmen und ihn in eine sichere und vertrauensvolle Stimmung versetzen. Versuchen Sie nichts zu erzwingen! Sie werden nur das Gegenteil erreichen!

Doch Vorsicht, übertreiben Sie Ihre Zuwendung nicht. Es gibt auch gewitzte Vierbeiner, die auf diese Art und Weise ihre Besitzer schnell zum Aufgeben erzogen haben. Es ist nicht immer einfach, die "goldene Mitte" zwischen Zuwendung und Durchsetzen zu finden. Viel Zeit, Geduld und Liebe können aber auch bei einem sensiblen Tier Wunder bewirken. Der überwiegende Teil Ihrer Einwirkungen sollte dabei immer aus Lob und Zuspruch bestehen.

Für unsichere und ängstliche Hunde, aber auch für sog. "Kopfhunde", die erst einmal Ihre Toleranzgrenze ausloten müssen, ist es von entscheidender Bedeutung, daß ihr Besitzer als Rudelführer auftritt. Ein Rudelführer oder auch Alpha-Hund ist nicht nur derjenige, der Regeln festsetzt und Verbote aufstellt, sondern er muß auch für den Schutz, die Sicherheit und das Überleben des Rudels sorgen. Wenn es Ihnen gelingt aus Sicht Ihres Hundes diese verantwortungsvolle Position zu übernehmen, wird Ihr Retriever, unabhängig was für ein Charaktertyp er ist, alles für Sie tun. Während einem 'Hundekenner' es oft schon in wenigen Momenten gelingt einem Tier klarzumachen, wer der 'Boss' ist, müssen Sie es erst einmal mühsam erlernen.

Der nächste Schritt auf dem Weg zur perfekten Leinenführigkeit ist nun das Links-Abbiegen in einem Winkel von 90 Grad. Dazu benötigen Sie weder ein neues Kommando noch die Leine. Als Hilfsmittel dienen ausschließlich Ihre Beine. Sprechen Sie Ihren Vierbeiner unmittelbar bevor Sie die Richtung ändern wollen kurz mit seinem Namen an und biegen Sie sofort darauf vom gewohnten Kurs ab. Hat er nicht aufgepaßt, wird er nun gegen Ihre Beine laufen. Da auch ihm dieses unangenehm ist, wird er, spätestens wenn er ein paarmal diese Erfahrung gemacht hat, aufpassen und sich sofort der neuen Richtung anpassen. Schon hat er etwas Neues gelernt, was Sie natürlich sofort mit einem Lob quittieren. Bitte verkürzen Sie auf gar keinen Fall vor dem Richtungswechsel die Leine, um mittels Ziehen und Heben Ihren Hund in die neue Richtung zu dirigieren. Sie trainieren damit höchstens Ihre Muskulatur, aber auf keinen Fall Ihren Vierbeiner.

Statt eines Abbiegens um 90 Grad können Sie nun auch einmal eine Kehrtwendung um 180 Grad versuchen. Dabei gibt es zwei Möglichkeiten: Die einfachere ist, so wie auch oben beschrieben, mit wenigen kleinen Schritten eine Kehrtwendung nach links auszuführen (wird bevorzugt bei jagdlich geführten Retrievern angewandt). Die elegantere Lösung besteht darin, plötzlich auf dem linken Fuß kehrt zu machen, die Leine auf dem Rücken von einer Hand in die andere zu wechseln und Ihren Hund durch einen kurzen Leinenruck zu veranlassen hinter Ihrem Rücken eine Bogen zu laufen, um wieder an Ihrer linken Seite zu erscheinen. Verzweifeln Sie nicht - es ist gar nicht so schwierig. Mit ein wenig Übung, wird es schnell klappen.

Mit der Hand wird der Hund rechtsherum gelockt.

Übrigens, die häufigste Ursache für ein Mißlingen der Links-Wendung ist ein Vorauslaufen des Hundes. Man stolpert dann entweder über den eigenen Hund, oder aber die Einwirkung kommt nicht an. Achten Sie also darauf, daß sich Ihr Hund, bevor Sie eine Links-Wendung durchführen, korrekt an Ihrer Seite und auf gleicher Höhe mit Ihnen befindet.

Das Rechts-Abbiegen bzw. die Kehrtwendung rechts herum ist ein wenig komplizierter, da Sie hierzu die Leine benötigen. Verfahren Sie wie schon beschrieben. Sprechen Sie den Hund kurz an und biegen anschließend sofort rechts ab. Da Ihr vierbeiniger Partner die Außenseite und damit den längeren Weg hat, wird er sich plötzlich hinter Ihnen befinden, was Sie natürlich sofort mit einem kurzen Leinenruck beantworten. Eine zusätzliche Hilfestellung ist es, wenn Sie während der Wendung, Ihre Hand kurz in Höhe der Hundenase halten. Er wird daraufhin sofort seine Gangart beschleunigen, um herauszufinden, ob darin nicht etwas Leckeres verborgen ist. Auch hat es sich als nützlich erwiesen, wenn Sie nach jeder Rechtswendung Ihre Gangart für 2-3 Schritte beschleunigen, um so Ihren Vierbeiner dazu zu bewegen, wieder dicht zu Ihnen aufzuschließen. Sobald er wieder an Ihrer linken Seite erscheint, nehmen Sie die Hand weg und loben ihn stattdessen. Bei der Kehrtwendung rechts herum verfahren Sie in gleicher Weise.

Wichtig erscheint mir noch darauf hinzuweisen, daß Sie während einer Übung keinesfalls Ihren Bewegungsfluß unterbrechen sollten, da dieses den Hund zur Unaufmerksamkeit verleitet. Bleiben Sie also auch während der Wendungen ständig in Bewegung, denn schließlich soll Ihr Retriever lernen, sich Ihrer Gangart anzupassen und nicht umgekehrt.

Diese Richtungsänderungen können auch sehr schön dazu verwendet werden notorische Hinterhertrödler oder Vorausläufer zu korrigieren: Läuft Ihr Hund ständig einen Schritt vor Ihnen, üben Sie verstärkt die Links-Wendung. Da er dabei immer mit Ihren Beinen kollidiert, wird er nach kurzer Zeit vorsichtiger sein und sich nicht mehr soweit nach vorne wagen. Analog verfahren Sie mit einem Hund, der ständig zurückhängt. Hier führen Sie aber statt Links-, Rechts-Wendungen aus, um ihn zu einer flotteren Gangart zu verführen.

Lassen Sie es auch nicht zu, daß Ihr Partner, während des Trainings, am Boden schnüffelt. Durch diese Unaufmerksamkeit sind Fehler in der Arbeit vorprogrammiert. Arbeiten oder trainieren bedeutet immer, daß Sie gemeinsam eine Aufgabe lösen möchten (z.b. von Punkt A nach Punkt B zu gelangen) und dazu ist es notwendig, daß beide Teile einander volle Aufmerksamkeit schenken.

Eine weitere Unart, die von wenig Respekt zeugt, ist das Beißen in die Leine. Viele Hunde versuchen so, Ihren Besitzer zum Spielen zu bewegen. Sie sollten dieses von Anfang an unterbinden. Die Leine stellt, aus Sicht des Hundes, Ihren verlängerten Arm dar und das Beißen in denselben also eine Mißachtung Ihrer Rudelführerschaft. Unterbinden Sie es, indem Sie sofort mit einem scharfen "Nein" oder "Pfui" reagieren und ihn, sobald er damit aufhört, loben.

Gleiches gilt für das Markieren (Beinchen heben) des Rüden. Jeder Hund sollte Gelegenheit haben sich vor einer Übungsstunde zu lösen. Halten Sie Ihr Training daher möglichst während des täglichen Spazierganges ab, so hat Ihr Vierbeiner vorher und hinterher genügend Möglichkeit seinen natürlichen Bedürfnisse nachzugehen.

Übrigens, daß die meisten Hunde links geführt werden, hat historische Gründe. Viele Elemente der Hundeerziehung kommen aus dem jagdlichen Bereich. So auch beim 'Fußgehen'. Die meisten Jäger sind Rechtshänder und tragen daher rechts ihr Gewehr, so daß der Hund zweckmässigerweise an der linken Seite gehen mußte.

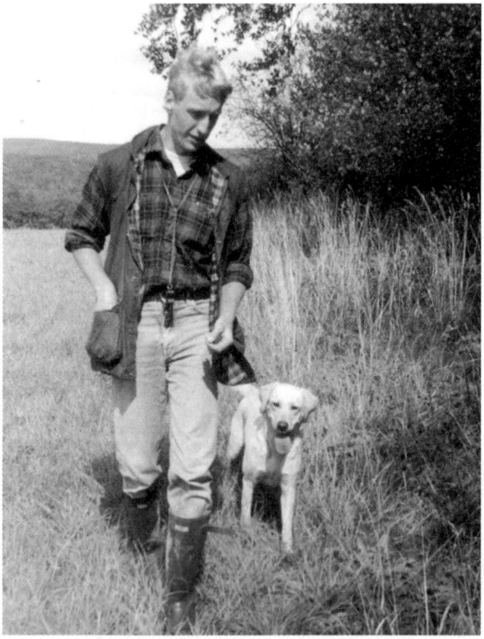

4

FOLGEN FREI-BEI-FUSS

Wenn Sie das vorangegangene Kapitel aufmerksam gelesen und mit Ihrem Retriever ebenso fleißig trainiert haben, dann dürften Sie eigentlich bei dem folgenden Übungsabschnitt keine großen Probleme bekommen. Das "Folgen-frei-bei-Fuß" geht unmittelbar aus der Leinenführigkeit hervor. Das bedeutet, bevor Sie das erste Mal ohne Leine üben, sollte Ihr Hund die Leinenführigkeit vollkommen beherrschen. Die Übungen sind dieselben, wie im vorangegangenen Kapitel beschrieben, nur daß Ihnen jetzt die Einwirkung mittels Leine fehlt. Sie können Ihren Hund nur noch mit der Stimme korrigieren.

Beginnen Sie mit dem Sitz-bei-Fuß und leinen den Hund in dieser Position ab. Ist Ihr Vierbeiner aufmerksam und konzentriert, folgt jetzt das bereits bekannte Kommando "Fiffi, Fuß". Aber vorsichtig, werden Sie nicht übermütig. Versuchen Sie erst einmal eine kurze Strecke geradeaus zu gehen und die Übung wieder mit "Sitz-bei-Fuß" zu beenden. Bei den ersten Frei-bei-Fuß-Übungen sollten Sie sich einen Übungsplatz suchen, wo Sie mit Ihrem vierbeinigen Partner an einer Mauer, einem Zaun o.ä. entlang gehen können. Dies verhindert ein seitliches Ausbrechen Ihres Hundes und bietet eine zusätzliche Führungshilfe. Wenn alles geklappt hat, freuen Sie sich ausgiebig mit ihm über den gemeinsamen Erfolg, denn so lernt sich's am besten. Mißerfolg und Tadel sind auch für ihn unangenehm und frustrierend.

Erste Versuche "Frei-bei-Fuß"

Jetzt können Sie das Folgen-frei-bei-Fuß schrittweise weiter erarbeiten: Geradeaus, links, rechts, Kehrtwendung und dies alles in unterschiedlichen Gangarten. Sollte es an irgendeinem Punkt Schwierigkeiten geben, greifen Sie wieder auf die Leine zurück. Eine kurze Wiederholung an der Leine spart viel Energie und Ärger und führt sicherlich schneller zum Erfolg, als es immer wieder mit vielen Korrekturen ohne Leine zu versuchen. Ist der Fehler korrigiert, kann es frei-bei-Fuß weitergehen.

Einer der am weitesten verbreiteten Fehler besteht darin, daß der Hund direkt nach dem Ableinen davonläuft. Für dieses Tier ist das Abnehmen der Leine (oft reicht schon das Klicken des Verschlusses) das Signal für Abenteuer und Freiheit. Manchmal erscheint es sogar, als ob sich ein solcher Hund dieses Kommando selbst beigebracht hätte. Zeigt Ihr Hund ein solches Verhalten, müssen Sie es Ihm natürlich erst einmal abgewöhnen: Lassen Sie Ihr Tier jedesmal, auch wenn Sie nicht arbeiten möchten, vor dem Ableinen sitzen. Dann lösen Sie die Leine, achten aber darauf, daß er nicht sofort losläuft. Notfalls halten Sie ihn am Nackenfell zurück. Nachdem Sie einige Sekunden gewartet haben, geben Sie Ihm ein Kommando, z.B. "Lauf". Die Dauer des Sitz sollten Sie dabei unterschiedlich lang gestalten, bis er schließlich begriffen hat, daß er erst nach einem Kommando ("Lauf") spielen kann. Anschließend können Sie wieder zu den Übungen des Folgen-frei-bei-Fuß übergehen. Entscheidend ist aber, daß Sie immer konsequent bleiben, d.h., diese Prozedur bei jedem Ableinen durchführen.

Weitere Hilfen beim Erlernen des Frei-bei-Fuß können Leckerchen oder Dummy sein. Durch ein Futterbröckchen, das Sie in der linken Hand verstecken, ist es anfangs oft einfacher, die Aufmerksamkeit des Hundes zu erhalten. Bei zu häufigem Gebrauch besteht allerdings die Gefahr, daß Ihr Hund ohne Futterreiz seiner eigenen Wege geht. Für Retriever, die gerne apportieren, bietet sich das Dummy als Hilfestellung an: Halten Sie es in der Hand, spielen Sie mit ihm und führen Sie gleichzeitig die o.g. Übungen durch. Achten Sie aber darauf, daß Ihr Hund unter keinen Umständen in das Apportel beißt. Weiteres dazu im Kapitel über Apportieren.

Üben Sie vorläufig noch nicht mit zu großer Ablenkung, wie z.B. in der Nähe anderer Hunde oder Spaziergänger. Dazu sollte Ihr Hund erst gelernt haben, sich auf einen Trillerpfiff zu setzen, damit Sie ihn auch stoppen können, falls er einmal außer Kontrolle gerät.

"Folgen-frei-bei-fuss" an einer Gruppe entlang

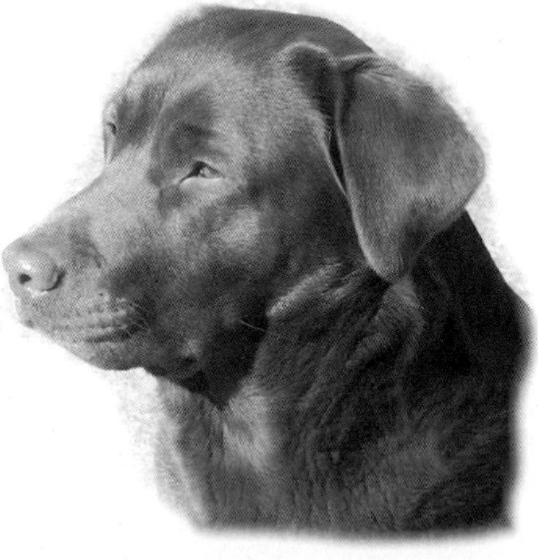

5

HALT AUF PFIFF

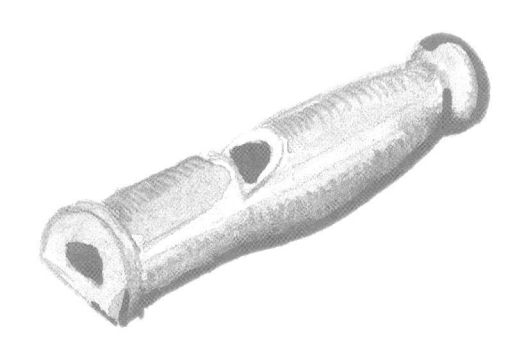

Als ein nützliches Utensil in der Ausbildung hat sich eine sog. Hundepfeife erwiesen. Sie erspart Ihnen das lästige, laute Rufen, wenn sich Ihr Vierbeiner einmal weiter entfernt hat. Die Arbeit mit einer solchen Pfeife ist denkbar einfach: Genauso wie Ihr Hund lernt, auf ein verbales (Ihre Stimme) oder optisches Kommando (Handzeichen) zu reagieren, lernt er dies jetzt mit einem neuen Zeichen, dem Pfiff. Das Benutzen der Hundepfeife ist also nur eine von drei möglichen Arten ein Kommando zu übermitteln.

Das wichtigste Pfeifen-Kommando ist der Halt-Pfiff. Ihr Hund soll dabei lernen, sich in allen Situationen, auf jede Entfernung und vor allem ohne zu zögern, stoppen zu lassen. Dazu verwenden Sie einen langgezogenen Trillerpfiff. Zu beachten ist dabei, daß dieser immer gleich klingt, sowohl in bezug auf die Lautstärke, als auch die Länge.

Einige Hundetrainer verwenden den Trillerpfiff als Platz- oder Down-Kommando, d.h., der Hund soll sich hinlegen. Das hat für viele Hunderassen auch seine Richtigkeit. Bei einem Retriever allerdings halte ich es für überholt, ja es ist für viele weiterführende Arbeiten (z.B.: Dummy- oder Jagdarbeit) sogar hinderlich. So wird beim Einweisen (dem Dirigieren auf große Entfernungen, eine retrieverspezifische Arbeit) schnell der Sichtkontakt zwischen Führer und Hund durch das Ablegen unterbrochen und weitere Richtungsweisungen unmöglich gemacht.

Ein Retriever hat im allgemeinen auch keine Probleme mit der sog. Steadiness (der Standruhe) und ist somit selbst vor flüchtendem Wild relativ einfach zu halten. Aus diesen Gründen lernen meine Hunde nur Sitz-auf-Pfiff als absolutes Halt-Kommando. Platz bzw. Down benutze ich nur, um den Hund für einen längeren Zeitraum abzulegen. Die einzelnen Lernschritte unterscheiden sich allerdings kaum für Sitz- oder Platz-auf-Pfiff.

Der erste Übungsschritt besteht nun darin, Ihren Hund mit dem neuen Signal vertraut zu machen. Dies geht am besten, indem Sie während einer Übung zur Leinenführigkeit jeweils unmittelbar vor dem verbalen Sitz-Kommando einen Trillerpfiff ertönen lassen. Da Tiere gleichzeitige Ereignisse miteinander verknüpfen, wird Ihr Retriever bereits nach kurzer Zeit und bei entsprechend häufigem Wiederholen, den Triller-Pfiff als Sitz-Zeichen erkannt haben. Erst wenn Ihr Hund sicher und hundertprozentig bei jedem Triller sitzt, können Sie zum nächsten Schritt weitergehen.

Dazu leinen Sie ihn ab und geben ihm das Kommando "Lauf". Er darf jetzt tun und lassen, was er möchte. Befindet sich Ihr Hund nun zufällig einmal in Ihrer Nähe, d.h. ca. 2-3 m von Ihnen entfernt, ertönt der Triller. Erwarten Sie jetzt aber nicht, daß sich Ihr Hund sofort hinsetzt, auch wenn er dieses vorher schon gut gelernt hat. Viel wahrscheinlicher ist, daß er erst einmal stutzt und Sie erstaunt anschaut, denn für ihn ist dieses eine vollkommen neue Situation. Diesen Moment der Unsicherheit müssen Sie ausnutzen, indem Sie sofort ein scharfes, lautes "Sitz" hinterherrufen und auch noch das entsprechende optische Kommando (hoch erhobene, offene Hand) geben. Setzt er sich nun, loben Sie ihn leise und gehen zu ihm hin. Ein Belohnungshäppchen und anschließendes gemeinsames Spiel sollte diesen ersten Erfolg abrunden.

Sicht- und Hörzeichen während des Gehens

Wie immer wird diese Übung durch häufiges Wiederholen gefestigt.

Das Halt auf Entfernung läßt sich auch sehr schön mit einigen Übungen zum Voranschicken verbinden. Der Hund lernt dazu ein neues Hörzeichen: "Voran", was in etwa bedeutet, "Lauf weg von mir, bis ein neues Kommando kommt". Im fortgeschrittenen Apportiertraining (Einweisen) soll ein Retriever dies in einer geraden Linie tun, doch für den Anfang ist eine exakte Richtungsangabe noch nicht so wichtig.

Das Einüben geschieht folgendermaßen: Nehmen Sie einige Leckerchen und die Futterschüssel Ihres Hundes mit zum Übungsgelände. Lassen Sie dort Ihren Vierbeiner unangeleint sitzen und dann deutlich sichtbar für ihn ein kleines Futterbröckchen in seine Schüssel. Geben Sie ihm das Kommando "Bleib" und stellen Sie dann die Schale in 15-20 m Entfernung auf den Boden. Nachdem Sie zu Ihrem Tier zurückgekehrt sind, deuten Sie mit dem linken Arm auf die Schüssel und sagen "Voran". Falls er nicht loslaufen möchte, gehen Sie ein paar Schritte in die angewiesene Richtung. Ist er aber dorthin gerannt, lassen Sie ihn erst einmal in Ruhe sein Belohnungshäppchen verspeisen und geben dann aber sofort das Sitz-Kommando mit dem Trillerpfiff. Hat Ihr Retriever erst einmal die Grundzüge dieses neuen Befehls verstanden, können Sie schnell dazu übergehen, das Leckerchen wegzulassen und nur noch die Futterschüssel als optische Orientierungshilfe zu benutzen. So können Sie allmählich die Entfernung vergrössern und auch bald auf diese letzte Hilfe verzichten.

Für apportierfreudige Hunde bietet sich für diese Übung auch wieder das Dummy an. Lassen Sie wie o.b. das Tier sitzen und entfernen Sie sich mit dem Dummy ca. 15-20 m. Dort legen Sie deutlich sichtbar das Apportel zu Boden, um es aber sofort wieder, ohne daß Ihr Hund es bemerkt, in die Tasche zu stecken. Kehren Sie zum Hund zurück und schicken ihn mit dem Hörzeichen "Voran" los. Hat er die entsprechende Stelle erreicht, pfeifen Sie ihn ab. Diese Übung aber bitte nur selten ausführen, da ansonsten der Hund leicht frustriert werden kann.

Wichtig bei allen Übungen ist, daß Sie die Entfernung zwischen Hund und Führer nur ganz allmählich steigern und auf absolute Konsequenz achten. Sollte der Hund einmal nur zögernd oder gar überhaupt nicht auf Ihr Kommando reagieren, ist es unbedingt notwendig, daß Sie sich durchsetzen. D.h., Sie müssen Ihren Retriever dort hinsetzen, wo er sich zum Zeitpunkt des Trillers befand. Laufen Sie dabei aber nicht Ihrem Hund hinterher, sondern gehen Sie ruhig, aber bestimmt. Nachdem Sie ihn erreicht haben, packen Sie ihn am Nackenfell und bringen ihn so zu der Stelle zurück, wo der erste Trillerpfiff ertönte. Während Sie ihn ins Sitz drücken, pfeifen Sie noch einmal. Wie immer ist es von entscheidender Bedeutung, daß Sie ihm nicht ein einziges Fehlverhalten durchgehen lassen, auch wenn dieses manchmal für Sie bequemer wäre. Ihr Vierbeiner würde dieses sofort als Schwäche auslegen und im entscheidenden Moment (er will z.B. über eine Straße rennen, um einen Kollegen zu begrüßen) nicht reagieren.

Den Schwierigkeitsgrad dieser Übung können Sie nun langsam erhöhen, indem Sie nicht nur die Entfernung vergrößern, sondern auch gezielt kleine Ablenkungen einbauen. So können Sie z.B. "Sitz" pfeifen, wenn Ihr Hund gerade mit einer

Mit Nachdruck auf die Ausführung des Kommandos bestehen

interessanten Bodenmarkierung beschäftigt ist, in der Ferne ein Spaziergänger oder anderer Hund auftaucht usw.. Sie sollten aber jedesmal auf eine korrekte Ausführung achten.

Gefestigt wird das Halt-Kommando auch, wenn Sie es in Frei-bei-Fuß-Übungen einbauen. Dies geschieht folgendermaßen: Während einer Freifolge lassen Sie plötzlich und unerwartet den Triller ertönen ohne aber stehenzubleiben. Zu Anfang können Sie es Ihrem Hund etwas erleichtern, indem Sie Ihren Schritt während des Pfiffs etwas verzögern, den Fuß über den Boden ziehen, gleichzeitig drehen Sie Ihren Oberkörper etwas zum Hund und geben mit Ihrer rechten Hand das optische Halt-Kommando (hoch erhobene, offene Hand). Dabei aber nicht stehenbleiben. Achten Sie darauf, daß sich Ihr Vierbeiner auch sofort hinsetzt und nicht hinter Ihrem Rücken noch ein Stück weiterläuft oder sich gar anderen Dingen zuwendet. Erschwert wird diese Übung, indem Sie eine schnellere Gangart einschlagen.

Vergessen Sie aber nie, Ihren Partner für ein richtiges Verhalten zu loben, denn nur durch positive Erfahrungen wird ein Verhalten verstärkt. Bisher haben Sie Ihren Hund (hoffentlich!) nach jedem Halt-Pfiff von seinem Platz abgeholt. Jetzt können Sie diese Übung weiter variieren. Dazu muß er nun ein neues Kommando lernen: Das Zurückkommen.

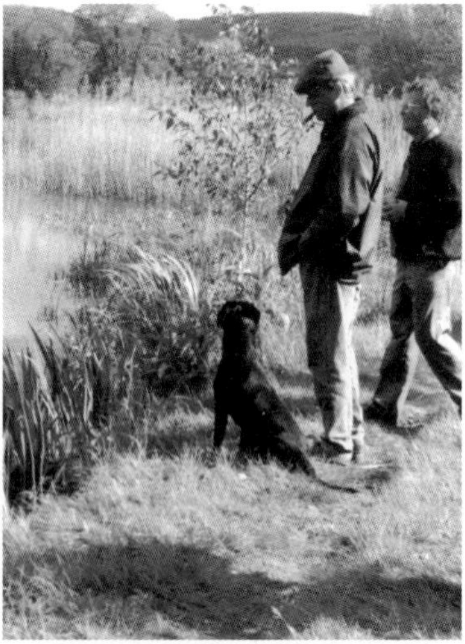

6

KOMMEN AUF BEFEHL

Das Zurückkommen zählt zu den schwierigsten Kommandos in der ganzen Hundeausbildung. Die sichere Ausführung hängt fast ausschließlich von der Bindung zwischen Hund und Führer ab bzw. der Autorität, die der Rudelführer Mensch aus Sicht seines Vierbeiners besitzt. Ohne aufwendige technische Hilfsmittel ist es kaum möglich, einen Hund über größere Entfernungen zu korrigieren, wenn er die Führungsrolle seines Besitzers nicht anerkennt. Dies wiederum kann er nur in unmittelbarem Kontakt zu seinem Ausbilder lernen.

Lassen Sie sich deshalb nie dazu verleiten, Ihren Hund per Kommando zurückzurufen, solange er dieses noch nicht systematisch gelernt hat und abgelenkt ist. Es ist sinnvoller und spart viel Energie und Ärger, wenn Sie stattdessen warten bis Ihr Retriever von selbst zurückkommt oder Sie holen Ihn ganz einfach ab.

Laufen Sie nie Ihrem Hund hinterher (auch in Gefahrensituationen nicht), er wird dieses höchstens als Aufforderung zu einem Nachlaufspiel empfinden und erst recht vor Ihnen davon rennen. Wirkungsvoller ist es, in die entgegengesetzte Richtung zu gehen und so die Entfernung zu vergrößern, er wird dann bestrebt sein Ihnen nachzukommen, um Sie nicht zu verlieren. Ständiges Rufen sollten Sie ebenfalls tunlichst vermeiden, da Sie damit immer wieder akustisch Ihre Anwesenheit signalisieren (vgl. dem Heulen der Wölfe = "Hier bin ich, wo bist Du"), und Ihr Vierbeiner sich somit keine Sorgen um den Verbleib seines (Familien-)Rudels zu machen braucht.

Es sollte also nicht so sein, daß alle Familienmitglieder ständig darauf achten, daß Ihr Hund nicht fortläuft, sondern dieser muß lernen, sein (Familien-)Rudel nicht zu verlieren. Grundsätzlich gilt, der Hund auf den Verbleib seines Rudels achten soll und nicht umgekehrt.

Das Zurückkommen sollte genauso systematisch trainiert werden, wie alle anderen Kommandos. Zu diesem Zweck soll Ihr Hund ein neues Signal lernen: "Hier!". Verwenden Sie nach Möglichkeit nicht das Wörtchen "Komm". Erfahrungsgemäß benutzen viele Hundebesitzer dieses Wort zu allen möglichen und unmöglichen Gelegenheiten (z.B.: "Komm,- wir gehen spazieren", "Komm, laß deine Pfote sehen usw.). Ihr Hund kann dabei nicht unterscheiden, wann dieses eine mehr oder weniger belanglose Aufforderung ist und wann ein Kommando, das sofort ausgeführt werden soll. Stattdessen empfehle ich Ihnen, das Wort "Hier!" zu verwenden. Analog zu diesem verbalen Kommando können Sie sich natürlich auch wieder der Hundepfeife bedienen. Benutzen Sie dazu die helle Seite und pfeifen Sie mehrere, kurze Töne, z.B. "Tüt, Tüt, Tüt". Wie immer gilt auch hier wieder, das Kommando sollte immer gleich klingen.

Ferner vergessen Sie bitte nie, daß sich Ihr Hund in Ihrer Nähe wohl fühlen soll. "Hier!" ist also kein 'Kasernenhof-Kommando', sondern sollte lockend und positiv klingen. Auch sollte Ihr Hund niemals, wenn er zu Ihnen kommt, bestraft werden bzw. negative Erfahrungen machen. Dieses würde er sofort mit Ihrer Person verknüpfen und fortan in ähnlichen Situationen Ihre Nähe meiden bzw. nur gedrückt kommen. Viele Menschen interpretieren dieses oft fälschlich als 'schlechtes Gewissen'. Falls Ihr Vierbeiner zu Ihnen kommt, nachdem er etwas angestellt hat, ist es für eine Korrektur bereits zu spät, da er nur

Auch das Kommen wird systematisch geübt

zeitlich unmittelbar zusammenhängende Dinge verknüpfen kann und somit Ihren Tadel nicht verstehen würde.

Am einfachsten ist es, wenn Sie schon mit dem Welpen das Kommen auf Befehl in spielerische Manier üben. Welpen haben ein natürliches Bedürfnis, ihrem Rudel zu folgen. Dieses machen Sie sich zu nutze: Wenn der Welpe einmal zufällig abgelenkt ist, laufen Sie schnell ein paar Schritte von ihm fort. Bereits nach kurzer Zeit wird er sich sicherlich umschauen, um nach seinem Rudel zu sehen. Jetzt ist der Zeitpunkt, wo Sie sich durch lockendes, freundliches Rufen bemerkbar machen. Sobald er dann schnell und freudig auf Sie zugerannt kommt, sagen sie "Fiffi, Hier!".

Wichtig ist, daß Sie nicht mit dem Kommando beginnen, sondern ihn erst einmal mit anderen Worten (z.B. "Komm") locken und das Kommando erst verwenden, wenn er sicher auf dem Weg zu Ihnen ist. Das Kommando also nur benutzen, wenn es hundertprozentig von Erfolg gekrönt ist. Wenn Sie währenddessen auch noch in die Hocke gehen und anschließend ihn ausgiebig loben und schmusen, wird er bestimmt begeistert zu Ihnen kommen.

Eine weitere Art und Weise das Kommen spielerisch zu lernen, ist das 'Versteckspiel'. Das Grundprinzip dieses Spiels ist, daß der Hund für den Verbleib des Rudels zuständig ist und nicht (wie man es häufig beobachten kann) umgekehrt. Dazu verstecken Sie sich in einem unbeobachteten Moment, z.B. hinter einem Baum, einer Hausecke usw.. Nach kurzer Zeit wird Ihrem Partner auffallen, daß Sie nicht mehr zu sehen sind, und er wird sich schnellstens auf die Suche nach seinem Rudel machen. Erschrecken Sie nicht, wenn er dabei beginnt auf dem Weg, den Sie gekommen sind, zurückzulaufen. Sollte er dieses tun, zeigt er nur, daß er eine gute Nase hat; machen Sie sich in einem solchen Fall, einfach durch einen leisen Ruf bemerkbar, lassen ihn aber unbedingt nach Ihnen suchen. Haben Sie sich dann wiedergefunden, sollte es natürlich ein großes 'Hallo' und ausgelassene 'Wiedersehensfreude' geben.

Dieses sind kleine Unterstützungsübungen, die das Kommen auf Befehl in der späteren Arbeit erleichtern sollen. Sie ersetzen aber keineswegs das systematische Trainieren dieses Signals und sollten auch nicht übermäßig oft durchgeführt werden. Streuen Sie Sie einfach sporadisch in den täglichen Spaziergang ein, Sie werden sehen, es erleichtert vieles im späteren Umgang.

So, nun aber genug der langen Vorrede. Wie können Sie das Zurückkommen systematisch üben? Sie erinnern sich sicherlich noch an die letzte Übung des vorangehenden Kapitels, das Halt aus der Freifolge. Beginnen Sie, wie dort beschrieben: Lassen Sie Ihren Hund sitzen und gehen einige Schritte weiter. Drehen Sie sich zu ihm um, gehen dann aber nicht zu ihm zurück, sondern bleiben Sie stehen. Warten Sie einige Sekunden (immer unterschiedlich lange warten, sonst üben Sie ein bestimmtes Intervall ein), rufen Sie dann seinen Namen und das neue Kommando, "Fiffi, Hier!". Wenn Sie dabei noch etwas in die Hocke gehen, machen Sie sich noch interessanter und Ihr vierbeiniger Partner wird sicher schnellstens zu Ihnen kommen. Dies quittieren Sie natürlich sofort mit einem ordentlichen Lob.

Auch die anderen Übungen des Kapitels 'Halt auf Pfiff' sind gut geeignet, um sie mit dem Kommen zu kombinieren. Sie können den Hund ebenso gut nach einer Voran-Übung abrufen. Sie sollten dabei nur darauf achten, möglichst abwechslungsreich zu arbeiten. D.h. nicht immer zum Hund zurückgehen, aber auch nicht immer wieder abrufen. Sehr gut können Sie das Kommen auch in Zusammenarbeit mit einem weiteren Familienmitglied üben. Stellen Sie sich dazu in einiger Entfernung voneinander auf und rufen den Hund anschließend in der oben beschriebenen Art und Weise abwechselnd hin und her.

Geben Sie sich aber nicht damit zufrieden, daß er nur in Ihre Nähe kommt oder gar an Ihnen vorbei läuft. Locken Sie ihn so nah, wie möglich heran und streicheln ihn erst einmal ausgiebig, ggf. können Sie auch ein Leckerchen verwenden. Haben Sie dieses ein paarmal geübt und es funktioniert auch ganz gut, dann richten Sie sich auf, sobald der Hund in Ihrer Nähe ist und lassen ihn vor sich sitzen. Warten Sie einige Sekunden und loben erst dann.

Klappt alles gut, können Sie nun wieder langsam die Entfernung steigern und auch, wie schon beschrieben, kleine Schwierigkeiten einbauen. Lassen Sie sich aber nicht dazu verleiten, Ihren Retriever bereits aus Ablenkungssituationen (Spiel mit anderen Hunden etc.) abzurufen. Dazu bedarf es einer gehörigen Portion Aufmerksamkeit und Disziplin seitens des Hundes, die er nur durch regelmäßiges und konzentriertes Üben erreicht.

Auf freudiges Kommen sollten Sie Wert legen

D.h., daß vor allem dieses Kommando unter kontrollierten Ablenkungs- bzw. Verleitungs-Bedingungen trainiert werden muß, damit Sie sich auch im 'Ernstfall' auf Ihren Hund verlassen können. Wie diese Verleitungen aussehen könnten, können Sie sich mit ein wenig Phantasie selbst ausdenken. Wohnen

Sie z.B. in einer Stadt, sollten Sie im fortgeschrittenen Trainingsstadium auch gezielt einige Übungsstunden in der Fußgängerzone o.ä. abhalten (Sie müssen ja dort nicht unbedingt die Hundepfeife benutzen). So gewöhnen Sie Ihren Vierbeiner daran, auch in schwierigen Situationen seine Aufmerksamkeit voll und ganz auf Sie zu richten.

Vom Benutzen einer langen Leine (Feldleine o.ä.) rate ich ab. Bei nicht sachgemäßer Anwendung merkt jedes Tier sehr schnell, ob es angeleint ist oder nicht, so daß der erhoffte Erfolg ausbleibt. Solche Hilfsmittel sollten nur unter Anleitung eines erfahrenen Ausbilders verwendet werden.

Falls Sie jedoch das Kommando "Hier" benutzt haben und der Hund es offensichtlich ignoriert, ist durchgreifen erforderlich. Merken Sie sich den Platz, an dem der Hund nicht gehört hat und kehren Sie mit dem angeleinten Hund an diesen Ort zurück. Dann stellen Sie sich vor Ihren Hund, gehen einige Schritte zurück und holen ihn mit "Hier" zu sich heran. Dies einige Male wiederholen und mit Lob und Erfolg abschließen.

Denken Sie aber bitte daran, daß das Kommen das schwierigste Kommando überhaupt ist. Es braucht viel Zeit und Geduld, um einen Hund so zu erziehen, daß er auch wirklich in jeder Situation unter Kontrolle ist. Verlieren Sie also nicht die Geduld, wenn es nicht so schnell klappt. Übung macht den Meister und in vielen Situationen kann Ihr Hund auch einfach an der Leine gehen.

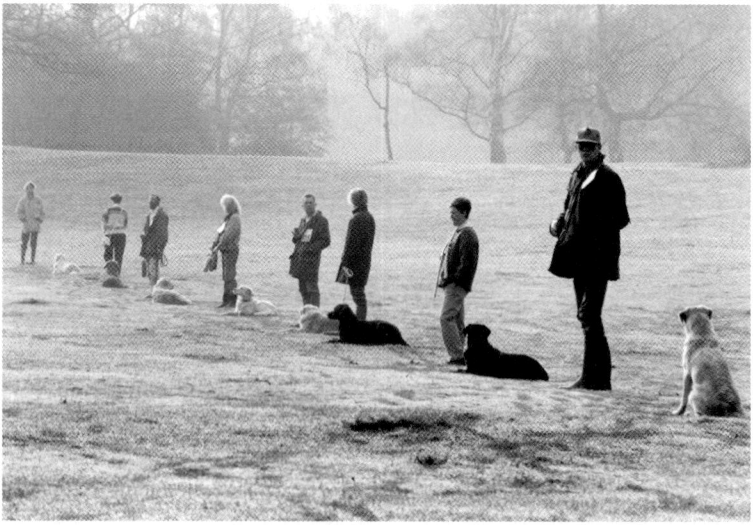

7

PLATZ ODER DOWN

Einige Bemerkungen vorab: Wie schon im voranstehenden Text erwähnt, empfehle ich als Halt-Kommando für den vom Führer entfernt arbeitenden Hund, das Sitz. Daraus ergibt sich, daß Platz oder Down nur zum Ablegen für einen längeren Zeitraum verwendet wird, d.h. der Führer kehrt immer zu seinem Hund zurück, um ihn abzuholen. Ich unterscheide auch nicht, wie bei einigen anderen Jagdhundrassen üblich zwischen "Platz" und "Down" (Beim "Down" soll der Kopf des Hundes ebenfalls flach auf dem Boden liegen). Zum einen arbeiten Retriever in der Regel nach dem Schuß und nicht unter der Flinte, und zum anderen ist die sog. 'Steadiness - die Schuß- oder Standruhe, eine mehr oder weniger angeborene, retrieverspezifische Eigenschaft, so daß im Normalfall ein Sitz-Kommando völlig ausreicht.

Wie bringen Sie Ihrem vierbeinigen Freund nun dieses neue Kommando bei? Sie lassen ihn erst einmal, wie er es schon gelernt hat, an der Leine sitzen. Nehmen Sie jetzt ein Leckerchen in die rechte Hand und führen Sie es an der Hundenase vorbei zu Boden. Da er dieses Leckerchen selbstverständlich verspeisen möchte, wird Ihnen seine Nase dabei folgen. Bewegen Sie nun Ihre Hand auf dem Boden langsam vom Hund fort und schon liegt Ihr Schüler vorschriftsmäßig in der Platz-Stellung. Während er sich hingelegt hat, haben Sie natürlich das entsprechende Hörzeichen, nämlich "Platz" oder "Down", gegeben.

Sollte Ihr Retriever anstatt sich hinzulegen, aufgestanden sein, um an das heiß begehrte Futter zu gelangen, so beginnen Sie ruhig wieder von vorne. Fixieren Sie jetzt aber sein Hinterteil mit Ihrer freien linken Hand, damit er keine Gelegenheit hat sich zu erheben. Er kann also nur durch Absenken seines Oberkörpers an das Leckerchen gelangen. Sobald er Anstalten dazu macht, loben Sie ihn sanft. Liegt er dann in voller Größe am Boden, kennt Ihre Freude darüber natürlich keine Grenzen mehr. Die Futterbelohnung stellt also nur noch das berühmte Tüpfelchen auf dem i dar.

Sollten trotz alledem noch Schwierigkeiten beim Ablegen auftauchen, können Sie auch versuchen, Ihrem sitzenden Hund langsam die Vorderpfoten wegzuziehen, so daß er sich hinlegen muß. Dazu lassen Sie Ihren Retriever an Ihrer linken Seite sitzen und knien sich anschließend auf den Boden. Greifen Sie jetzt mit Ihrem linken Arm über den Nacken des Hundes und fassen seine linke Pfote, die rechte Hand fasst die rechte Pfote. Durch leichtes Anheben und nach Vorne führen der Pfoten, wird der Hund hingelegt. Hörzeichen und Einwirkung erfolgen wiederum gleichzeitig. Mit dem linken Ellbogen können Sie Ihren Retriever, falls notwendig, durch leichten Druck auf seinen Nacken einige Sekunden in der Platz-Stellung halten, währenddessen wird er selbstverständlich gelobt. Prinzipiell sei aber gesagt, daß alles, was den Hund dazu bewegt eine erwünschte Handlung aktiv, d.h. von sich aus, durchzuführen, schneller zum Erfolg führt als jede passive Einwirkung.

Wie immer brauchen Sie jetzt nur noch etwas Geduld, und mit regelmäßigem Üben können Sie die Futterhilfe bald wegfallen lassen. Es reicht schließlich die Abwärtsbewegung Ihre Hand in Verbindung mit dem verbalen Signal, um den Hund ins Platz zu bringen.

Ein Leckerchen bewegt den Hund sich hinzulegen

Im weiteren Verlauf der Ausbildung entfernen Sie sich nun langsam von Ihrem abgelegten Hund. Eigentlich funktioniert dieser Lernschritt fast genauso wie das Sitz und Bleib. Beginnen Sie damit, daß Sie einen Schritt zurück gehen, einen Moment warten und sich dann wieder an seine Seite begeben. Versuchen Sie auch einmal über ihn hinweg zu steigen. Alles aber immer noch mit der Leine in der Hand. Sollte er einmal aufstehen, quittieren Sie dieses sofort mit einem ruhigen, aber konsequenten "Nein!" und beginnen wieder von vorne.

Wenn dieses alles gut klappt, versuchen Sie die Leine über den Hunderücken zu legen und sich rückwärtsgehend 5-10 m zu entfernen. Nachdem Sie einen Moment gewartet haben, gehen Sie ruhig wieder zurück und loben ihn. Entfernung und Zeitdauer des Abwartens steigern Sie nun langsam. Auch die Leine können Sie jetzt entfernen; in schwierigen Fällen empfiehlt es sich, diese über die Vorderpfoten des Hundes zu legen, um so eine zusätzliche Halt-Hilfe zu geben. Wenn Ihr Vierbeiner einmal nicht auf seinem Platz bleibt, korrigieren Sie ihn keinesfalls aus der Entfernung, sondern gehen Sie zurück und legen ihn ruhig, aber bestimmt, wieder an die gleiche Stelle. Dies ist von entscheidender Bedeutung, da der Hund dank seiner hervorragenden Nase präzise den Ort erkennt, an dem er vorher gelegen hat. Unruhiges Kriechen oder Robben wird ebenfalls in gleicher Weise

Die Entfernung wird vergrößert

korrigiert. Klappt bis hierhin alles, können Sie beginnen, Sich für kurze Zeit (einige Sekunden) aus dem Sichtbereich Ihres Retrievers zu entfernen. Gehen Sie einen Moment hinter einen Baum oder eine Hausecke, um aber gleich darauf wieder zu erscheinen, damit er erst gar nicht auf die Idee kommt, Ihnen zu folgen. Das Intervall des Ausser-Sicht-Seins steigern Sie bitte nur ganz allmählich. Eine gute Hilfe ist, wenn Sie einen Ort kennen, von dem Sie Ihren Hund unbemerkt beobachten können, um ihn so zu kontrollieren.

Dehnen Sie die Zeitspanne des Ausser-Sicht-Seins nun langsam bis auf mehrere Minuten aus, bis Ihr Vierbeiner sicher 6-7 Minuten auf Ihre Rückkehr wartet. Bestehen Sie auch darauf, daß er ruhig liegen bleibt, bis Sie wieder an seiner Seite stehen und ihm ein entsprechendes Kommando (z.B. "Sitz") gegeben haben. Es ist nicht schön, wenn ein Hund, sobald sein Besitzer wieder zu sehen ist, aufspringt, auf ihn zuläuft und womöglich gar noch an ihm hochspringt. Die Übung sollte immer erst beendet sein, wenn Ihr Hund wieder angeleint ist.

Bauen Sie Entfernung und Zeitspanne sehr langsam aus. Gerade für noch junge Hunde ist dies oft eine schwere Aufgabe. Erfolgreiche Übungen sind immer viel besser als häufiges Korrigieren. Lassen Sie sich und Ihrem Hund Zeit.

Das Training zum Ablegen-und-ausser-Sicht-gehen stellt eine reine Fleißaufgabe dar. Je öfter und abwechslungsreicher Sie mit Ihrem Partner üben, umso sicherer und länger wird er liegenbleiben. Er weiß ja, daß Sie ihn

Der Hundeführer versteckt sich

auf jeden Fall wieder abholen. Sie können diese Übungen auch ohne größere Probleme in den Alltag einbauen, indem Sie Ihren Hund z.B. beim Einkaufen vor einem Geschäft ablegen (selbstverständlich sollten Sie sicherstellen, daß er dabei nicht auf eine Straße laufen kann o.ä.).

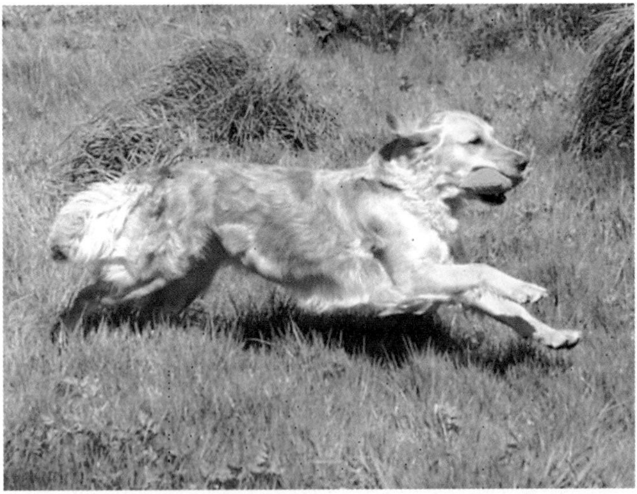

8

DAS APPORTIEREN

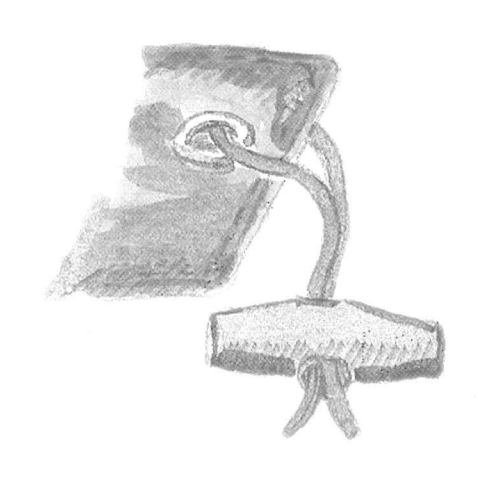

Das Herumtragen von Gegenständen liegt Retrievern im Blut, nicht zuletzt dafür wurden sie ja auch gezüchtet (to retrieve = zurückbringen). Spielerisches Apportieren bieten unsere Hunde daher meist ganz von alleine an, da die beiden wichtigsten Eigenschaften, die dafür notwendig sind, Beute- und Bringtrieb, zu einem hohen Maße in ihrer genetischen Substanz vorhanden sind. Man kann dieses Spiel, z.B. mit einem Tennisball auch schon mit ganz jungen Hunden spielen. Je freudiger und enthusiastischer Sie es mit dem heranwachsenden oder schon erwachsenen Hund spielen, umso mehr fördern Sie seine Lust am apportieren.

Allerdings sollten Sie dabei zwei Grundregeln unbedingt einhalten:

- Nie Stöcke oder Äste werfen.

Zum einen sind schon einige Hunde dadurch verletzt oder gar getötet worden (ein Stock kann sich leicht durch den Gaumen eines Hundes bohren). Zum anderen kann es Ihren Retriever dazu verleiten, bei weiterführenden Arbeiten, wenn er z.B. ein Dummy nicht findet, aus Verlegenheit einen Stock zu bringen.

- Bestehen Sie darauf, daß der Tennisball o.ä. immer ganz zu Ihnen zurück gebracht wird.

Läuft Ihr Hund mit dem Ball fort oder kommt nur bis auf ein, zwei Meter heran, drehen Sie sich wortlos um und gehen in die entgegengesetzte Richtung. Kam er aber freudig mit dem Apportel und lieferte es in Ihre Hand ab, dann freuen Sie sich ausgiebig und werfen es erneut. Wenn Ihr Hund kein Interesse an diesem Spiel mehr hat, brechen Sie es ab. Keinesfalls sollten Sie ihn zwingen weiterzumachen, nur so bleibt seine Freude und seine Begeisterung daran erhalten. Jedoch gilt hier: übertreiben schadet eher !

Doch nun zum Training für das korrekte, arbeitsmäßige Apportieren. Ganz gleich wie begeistert und gut Ihr Hund spielerisch apportiert, irgendwann kommen Sie an den Punkt, wo Sie ihm klarmachen müssen, daß dieses ein Kommando ist, mit allen dazugehörigen Konsequenzen (immer und sofort). Dazu jetzt die folgenden Lernschritte.

Nehmen Sie Ihren Hund an die Leine und halten das Dummy in der rechten Hand. Führen Sie einige Übungen zur Leinenführigkeit durch, widmen aber gleichzeitig Ihre ganze Aufmerksamkeit dem Dummy. Das Ziel ist, dem Dummy eine ganz besondere Bedeutung zu geben (von sich aus hat es für den Hund erst einmal keine, sondern ist nur ein lebloser, uninteressant riechender Gegenstand). Am einfachsten geht dies, indem Sie das Apportel loben, mit ihm spielen, es liebkosen usw. - wohlgemerkt das Dummy! Sollte Ihr Retriever inzwischen ebenfalls sehr interessiert an diesem Ding sein und möglicherweise sogar versuchen, es selbst zu bekommen, haben Sie Ihr Ziel fast erreicht.

Das Dummy wird in den Fang geschoben

Lassen Sie ihn nun in der Bewegung das Dummy mit Kommando "Apport" aus Ihrer Hand nehmen. Hat er es freudig und sofort aufgenommen, laufen Sie noch einige Schritte mit ihm weiter und loben ihn währenddessen ausführlich. Ihre rechte Hand geht dann wieder zum Dummy und unterstützt es vorsichtig, damit Ihr Hund nicht auf die Idee kommt, es fallenzulassen. Versuchen Sie nun stehenzubleiben und ihm das Apportel mit einem deutlichen "Aus" aus dem Fang zu nehmen. Im weiteren Trainingsablauf sollten Sie versuchen, zum einen das Dummy während des Aufnehmens, immer mehr in Bodennähe zu bringen und zum anderen Ihren Hund zu bewegen, es immer länger festzuhalten, während Sie neben ihm stehen. Wenn dieses Halten gut klappt, können Sie ihn auch sanft in die Sitzposition bringen. Dies allerdings nicht mit einem scharfen Kommando, so daß er vor Schreck das Dummy hinwirft, sondern drücken Sie vorsichtig sein Hinterteil zu Boden und fixieren mit der anderen Hand das Dummy. Währenddessen sollte er unaufhörlich gelobt werden.

Parallel sollte Sie zu Hause einige Übungen zum Festhalten des Apportels durchführen. Dazu können Sie sich bequem auf einen Stuhl setzen und lassen den angeleinten Hund vor Ihnen sitzen. Halten Sie ihm nun das Dummy mit der rechten Hand vor den Fang und geben Ihr Kommando "Apport". Wenn er jetzt nicht sofort nach dem Dummy greift, fassen Sie mit der linken Hand von oben über die Schnauze und drücken mit Daumen und Mittelfinger leicht gegen die Lefzen. Ist das Maul geöffnet, schieben Sie sanft das Apportel hinein. Mit der rechten Hand fixieren Sie anschließend den Unterkiefer, damit er das Dummy nicht ausspucken kann. Hält Ihr Retriever es ruhig im Fang, loben Sie ihn sofort und streicheln ihn mit der freien, linken Hand. Nicht verzweifeln, wenn dieses nicht auf Anhieb klappt, Sie müssen nur mit etwas Geduld die entsprechenden Handgriffen erlernen.

Ist Ihr Hund soweit, daß er das Dummy einige Sekunden lang selbstständig und ruhig hält, können Sie ein paar Schritte mit ihm durch die Wohnung gehen. Halten Sie mit "Sitz" an und nehmen ihm das Apportel nach einigen Sekunden mit "Aus" aus dem Fang. Während der ganzen Übungen haben Sie selbstverständlich darauf geachtet, daß das Dummy nicht hinfällt, ggf. ständig die rechte Hand zum Fixieren bereithalten. Passiert es doch einmal, quittieren Sie dieses sofort mit einem unfreundlichen "Nein" und beginnen von vorne.

Mit etwas Geduld und Übung sollten Sie nach einigen Tagen soweit sein, daß Sie mit Ihrem angeleinten Hund durch die ganze Wohnung spazieren können, dabei mehrmals anhalten und sitzen lassen, und er das Dummy erst auf Kommando "Aus" in Ihre Hand abliefert. Jetzt können Sie zum nächsten Schritt übergehen.

Lassen Sie den angeleinten Hund auf einer Wiese o.ä. sitzen. Lassen Sie ihn das Dummy sehen und gehen dann damit ca. 10 m voraus und legen es deutlich sichtbar zu Boden. Dann gehen Sie zu Ihrem Partner zurück, stellen sich neben ihn, nehmen die Leine auf, warten einige Sekunden und laufen dann mit Kommando "Apport" mit ihm zum Dummy. Loben Sie ihn, wenn er versucht es selbstständig aufzunehmen. Tut er dieses nicht, leisten Sie mit der rechten Hand die gewohnte Hilfestellung (Apportieren aus der Hand). Hat er es aber aufgenommen, laufen Sie mit ihm noch einige Schritte weiter, lassen ihn sitzen, warten einige Sekunden und nehmen ihm dann das Dummy ab. Anschließend sollten Sie ihn ausgiebig loben und etwas mit ihm spielen.

Die Hand unterstützt das Halten des Dummy

Traten bis hierhin keine schweren Fehler auf, können Sie jetzt zum ersten Mal ohne Leine arbeiten. Der erste Schritt ist ein Zwischenapport. Dabei liegt das Dummy zwischen Ihnen und dem Hund. Leinen Sie ihn ab und lassen ihn sitzen. Dann gehen Sie ca. 20 m weiter und legen dort das Dummy deutlich sichtbar zu Boden, schließlich gehen Sie noch 10 m in die gleiche Richtung, so daß Sie insgesamt 30 m von Ihrem Hund entfernt stehen. Warten Sie noch einen Moment und rufen ihn dann mit "Fiffi, Apport" zu sich. Loben Sie ihn, wenn er aufnimmt und lassen ihn wieder vor sich sitzen bevor Sie ihm das Dummy abnehmen.

Am wichtigsten dabei ist, daß der Hund direkt und möglichst schnell zu Ihnen kommt. Geben Sie sich nicht damit zufrieden, wenn Ihr Retriever nur in Ihre Nähe läuft und evtl. sogar noch das berühmte "Fang-mich-doch-Spiel" beginnt. Rufen Sie ihn ggf. mit Kommando "Hier" heran, notfalls auch ohne Dummy. Wenn Sie das Training sorgfältig aufgebaut und entsprechend geübt haben, sollten diese Schwierigkeiten allerdings nicht auftreten. Falls doch, gehen Sie bitte wieder zurück zu den Apportierübungen an der Leine.

Apportieren an der Leine

Hat bis hierhin aber alles gut geklappt, können Sie nun mit einigen Steadiness-Übungen beginnen. Hierbei soll Ihr Hund lernen, daß er nicht ohne Kommando einem Dummy hinterherlaufen darf (einspringen), sondern ruhig wartet, bis Sie ihn schicken. Aufgeregtes Winseln oder Jaulen sollten Sie dabei gleichermaßen von Anfang an unterbinden.

Doch nun zu den Übungen. Lassen Sie den angeleinten Hund neben sich sitzen. Halten Sie die Leine an der Schlaufe gut mit der linken Hand fest und werfen Sie mit der anderen Hand das Dummy ca. 10 m vor sich. Bleibt Ihr Vierbeiner dabei ruhig sitzen, geben Sie das Kommando "Bleib", lassen die Leine fallen und gehen das Dummy selbst holen. Anschließend wiederholen Sie diesen Vorgang. Hat alles wiederum gut geklappt, darf Ihr Retriever beim dritten Mal das Dummy an der Leine apportieren. Laufen Sie dazu mit dem Hörzeichen "Apport" los, lassen ihn das Dummy aufnehmen und laufen dann zu Ihrem Ausgangspunkt zurück. Nach Vorsitzen und Ausgeben sollten Sie sich ausgiebig mit Ihrem Partner über die gelungene Übung freuen.

Hielt es Ihren Retriever aber schon während des Dummy-Werfens vor lauter Arbeitseifer nicht mehr auf seinem Platz, sollten Sie ihn erst einmal entsprechend korrigieren: Lassen Sie ihn in die Leine laufen bzw. geben Sie einen deutlichen Leinenruck und ein unfreundliches "Nein" oder "Pfui". Anschließend setzen Sie ihn wieder ruhig hin und gehen das Dummy holen (selbstverständlich ohne Hund). Erst wenn Ihr Vierbeiner die Übung zweimal hintereinander korrekt absolviert hat, darf er mit Ihnen das Dummy an der Leine apportieren. Schon nach wenigen Einwirkungen wird er sicher bis zum entsprechenden Kommando sitzen bleiben.

Im nächsten Schritt lassen Sie den angeleinten Hund sitzen und entfernen sich etwas von ihm. Dann werfen Sie das Apportel in hohem Bogen hinter Ihren Rücken. Bleibt Ihr Vierbeiner dabei ruhig an

Apportieren an der Leine mit einem Helfer

seinem Platz, gehen Sie das Dummy holen und werfen es anschließend zur Seite. Dies wiederholen Sie einige Male hintereinander. Beim letzten Mal lassen Sie das Dummy liegen, kehren zu Ihrem Hund zurück und lassen ihn das Dummy, wie beschrieben, an der Leine apportieren.

Sollte er versuchen durch Einspringen vorzeitig an die Beute zu gelangen, so versuchen Sie bitte nicht Ihren Hund zu fangen, er ist garantiert schneller als Sie, sondern laufen Sie zum Dummy und stellen einen Fuß darauf, so daß er es nicht aufnehmen kann. Anschließend korrigieren Sie ihn, indem Sie ihn zu seinem Platz zurückbringen und von vorne beginnen. Das Prinzip besteht darin, daß Sie ggf. immer schneller am 'Objekt seiner Begierde' sind und er erst apportieren darf, wenn Sie das entsprechende Kommando gegeben haben.

Nach diesen Übungen sollte die kommende Aufgabe kein großes Problem mehr sein. Lassen Sie Ihren Hund neben sich sitzen und leinen ihn ab. Zu Anfang arbeiten Sie am besten mit einem Helfer, damit Sie sich vollkommen auf Ihren Hund konzentrieren können. Lassen Sie den Helfer in ca. 15-20 m Entfernung Aufstellung nehmen und dann auf ein Zeichen von Ihnen hin, das Dummy zur Seite werfen. Warten Sie 2-3 Sekunden und fordern danach Ihren Retriever zum Apportieren auf. Hat er das Dummy schnell und sauber gebracht, sollten Sie ihn ausgiebig loben. Ein Leckerchen nach einer solchen Arbeit vermittelt dabei das Gefühl, symbolisch die Beute nach der gemeinsamen Jagd zu teilen. Wiederholen Sie dieses aber nicht zu häufig, da manche Hunde dann gern

Der Abschluß eines Einfach-Apportes

das Dummy vor die Füße werfen, um schneller an das Futter zu gelangen.

Die abschließende Übung besteht dann in der Arbeit ohne Helfer. D.h., Sie stehen neben Ihrem abgeleint sitzenden Hund, geben das Kommando "Bleib" und werfen anschließend das Dummy ca. 10-15 m vor sich auf den Boden. Ihr Hund sollte dabei ruhig sitzen bleiben, bis nach einigen Sekunden Ihr "Apport"-Kommando ertönt. Bringen, Vorsitzen, Festhalten und Ausgeben runden die Übung zu einem gelungenen Einfach-Apport ab. An dieser Stelle nochmals der Hinweis, daß Fehler in der Steadiness nur mit der Leine korrigiert werden sollen.

Für Perfektionisten sei hier noch eine kleine Übung erwähnt, mittels der Ihr Retriever aus dem Vorsitzen wieder in die Grundstellung kommt: Lassen Sie Ihren Hund an der Leine vorsitzen und nehmen Sie ein Leckerchen in die rechte Hand. Dann geben Sie das Kommando "Sitz-bei-Fuß", gehen mit dem rechten Bein einen Schritt nach links vorne (zur rechten Seite des Hundes) und locken den Hund mittels Leckerchen hinter Ihrem Rücken entlang an Ihre linke Seite. Das Leckerchen dabei hinter dem Rücken von der rechten in die linke Hand wechseln. Bereits nach kurzer Zeit können Sie die Leine weglassen, und bald darauf auch den Ausfallschritt. Zu guter Letzt arbeiten Sie dann auch ohne Leckerchen. Es genügt schließlich das Hörzeichen ("Sitz-bei-Fuß") und vielleicht ein aufmunterndes Klopfen an Ihren linken Schenkel, um den Hund aus dem Vorsitzen in die Grundstellung zu bringen.

9

DAS SCHIESSEN

Normalerweise haben Retriever keine Angst vor lauten Geräuschen und man braucht die Schußfestigkeit nicht trainieren. Leider werden aber einige Tiere durch schlechte Erfahrungen schußempfindlich oder gar schußscheu gemacht. Führen Sie Ihren Hund daher langsam an das Geräusch von Schüssen heran. Wie immer sollten Sie versuchen, das Ereignis mit einer positiven Erfahrung zu verknüpfen.

Lassen Sie dazu einen Helfer mit einer Schreckschußpistole in ca. 200 m Entfernung Stellung beziehen. Sprechen Sie mit ihm ab, daß er nur auf Ihr Zeichen hin schießen soll. Nehmen Sie nun ein Dummy und lenken die Aufmerksamkeit Ihres Hundes darauf. Dann lassen Sie ihren Retriever sitzen und werfen das Apportel. Wenn sich das Stück auf dem höchsten Punkt seiner Flugbahn befindet, lassen Sie den Helfer einen Schuß abgeben. In bekannter Manier darf Ihr Retriever anschließend apportieren.

Wiederholen Sie den Vorgang und lassen Sie dabei den Schützen immer näher kommen, bis er schließlich nur noch wenige Meter von Ihnen entfernt steht. Allerdings sollte dieses nicht alles an einem Tag stattfinden, sondern sich allmählich über 2-3 Tage hinwegziehen. Der Hund lernt so, einen Schuß mit dem Vorgang des Apportierens zu verknüpfen, wie es auch im Jagdeinsatz vorkommt.

Tips zum Umgang mit dominanten Hunden

Es zeigt sich immer wieder, daß bei sehr dominanten Tieren Unterordnungsübungen alleine nicht ausreichen, um das Zusammenleben mit diesen Hunden wirklich angenehm zu gestalten. Vielmehr ist es notwendig im alltäglichen Umgang mit diesen Retrievern einige Regeln zu beachten, damit die Rangordnung deutlicher abgeklärt ist. Ziel ist es, dem Tier klar zu machen, daß der Mensch der überlegene Partner ist.

Vorab seien aber die Fehler aufgeführt, die am häufigsten zur Minderung der menschlichen Dominanz führen:

- *Der Hund sollte nicht an Ihnen hochspringen oder gar aufreiten.*

Dieses ist nicht nur unangenehm und zieht ggf. Reinigungskosten nach sich, vor allem ist es aber Ausdruck eines dominanten Verhaltens. Hunde untereinander bringen ihre Überlegenheit u.a. dadurch zum Ausdruck, daß sie ihre Pfote dem Rangtieferen auf die Schulter legen oder gar aufreiten. Die Überlegenheit wird gleichsam plastisch dargestellt.

- *Ein Hund gehört nicht auf die Couch, den Sessel oder das Bett.*

Wenn man z.B. ein Wolfsrudel beim Ausruhen beobachtet, kann man sehr häufig feststellen, daß das Alpha-Tier alleine auf einem erhöhten Platz liegt. Von dieser Stelle aus hat es einen guten Überblick und dieser Platz wird von allen anderen respektiert. Vergleichbares gilt für Ihren Hund.

- *Untersagen Sie Aufdringlichkeiten, wie endloses Pfotengeben, Schnauzenstoßen, Winseln oder Jaulen.*

Man kann häufig beobachten, daß ein Tier auf diese Art und Weise seinen Besitzer erzieht. Durch solche oder ähnliche Verhaltensweisen erreicht der Hund, daß der Mensch ihm Aufmerksamkeit schenkt. D.h. der Hund wird für ein eigentlich unerwünschtes Verhalten gelobt. Besser ist es, wenn Sie in solchen Situationen Ihrem Retriever ein Kommando geben (z.B. Platz) und ihn dieses einige Minuten lang ausführen lassen, anschließend können Sie ihn dann loben. So kommt er auch in den Genuß Ihrer Beachtung, aber auf eine Art und Weise, die Sie bestimmt haben.

• *Konsequent sein*

Ein einmal gegebenes Kommando muß das Tier befolgen. Wenn z.B. der Hund mit schmutzigen Pfoten nicht auf die Couch darf, dann auch nicht mit sauberen. Geben Sie daher auch nie Kommandos, die Sie, aus welchen Gründen auch immer, nicht hundertprozentig durchsetzen werden oder wollen.

• *Selbstsicherheit ausstrahlen, nicht Unsicherheit*

Ihre Stimme muß fest bestimmt und sicher klingen. Je tiefer, umso dominanter. Oft beobachtet man Hundebesitzer, die Ihren Hund mit einem großen Fragezeichen oder gar einer Bitte ansprechen. In menschliche Worte übersetzt klingen diese Kommandos etwa so: "Ich weiß, daß Du lieber spielen möchtest, vielleicht könntest Du trotzdem einmal Sitz machen, damit ich Tante Erna begrüßen kann." Da der clevere Vierbeiner auch all diese unausgesprochenen Worte versteht, wird er sicher nicht daß Kommando beachten, sondern seinen momentanen Neigungen nachgehen. Geben Sie also deutlich und sicher Ihr Kommando, und wenn es trotz allem ignoriert wird, korrigieren Sie Ihren Hund.

• *Anfang und Ende einer Handlung bestimmen.*

Sie geben ein Kommando und bestimmen, wie lange Ihr Hund diesen Befehl ausführen muß. Sie bestimmen z.B. wann und wie lange Sie Ihren Hund bürsten, hören Sie nicht damit auf, wenn Ihr Hund genug davon hat und fortläuft. Sie beginnen mit dem Tier zu spielen und beenden es auch wieder. Viele Hunde richten ihre Besitzer perfekt ab. Der Hund kommt mit einem Spielzeug angelaufen und der Besitzer wirft dieses brav immer wieder weg, solange bis der Hund genug davon hat. Viele Tiere können auch ihre Besitzer auf Kommando zum Streicheln bewegen, indem sie den Menschen "treu" anschauen. Nie dem nachgeben, was der Hund will!

• *Jeden Tag Gehorsamsübungen durchführen, sowohl im Haus, als auch außerhalb.*

Bei-Fuß-gehen, sitz, platz, bleib, hier und natürlich erst aufhören, wenn Sie es wollen. Übrigens vorsitzen und "Pfötchen-geben" ist auch eine Gehorsamsübung. Während der Fellpflege den Hund auf den Rücken legen, um auch seinen Bauch zu bürsten. Der Hund befindet sich dann in einer unterlegenen Position. Sie können auch mit dem Hund spielen, während er auf dem Rücken liegt.

Auf den Hund zulaufen und dafür sorgen, daß er aus dem Weg geht. Ein Rangtieferer macht Platz für den Ranghöheren.

• *Während des Spaziergangs die Richtung bestimmen.*

Nachfolgen ist unterlegenes Verhalten.

• *Dominantes Verhalten ist es auch, wenn man sich über den Hund stellt und die Hand leicht von oben auf seinen Nacken legt.*

• *Dem Hund über die Schnauze fassen ist ebenfalls dominantes Verhalten.*

• *Nie dem Hund hinterherlaufen, sondern ihn immer heranrufen.*

Der Unterlegene kommt auf den Ranghöheren zu. Dies gilt auch für Besucher (vor allem Kinder).

• *Das Wegnehmen von Spielzeug, Knochen oder Futter ist dominantes Verhalten.*

Noch etwas zum Schluss:

Verlangen Sie von Ihrem Hund nur das, was Sie auch tatsächlich meinen. Ein Hund kann genau verstehen, ob Sie es auch ernst meinen. Wenn Sie sich also insgeheim über etwas anderes amüsieren oder manche Angewohnheiten nicht "so schlimm" finden, hat es wenig Sinn ein entgegengesetztes Kommando zu geben. Der Hund kann nämlich sehr gut "zwischen den Zeilen lesen".

Prüfungungsordnung BHP-A + B des Golden Retriever Clubs Deutschland (GRC)

Die Begleithundeprüfungen sollen zeigen, daß der Hund durch eine gute Ausbildung sich sowohl zu Hause als auch in der Öffentlichkeit nicht belästigend oder störend zeigt.

Allgemeine Bestimmungen für die Begleithundeprüfung A + B:

Für die Teilnahme an der BHP A **muß** der Hund mindestens **9 Monate alt** sein.
Für die Teilnahme an der BHP B **muß** der Hund mindestens **12 Monate alt** sein.

BHP-A

Prüfungsbahn

Die Prüfung wird auf einer Bahn abgelegt wie die folgende Skizze zeigt. Die Abstände zwischen den Punkten beträgt ca. 25 m.

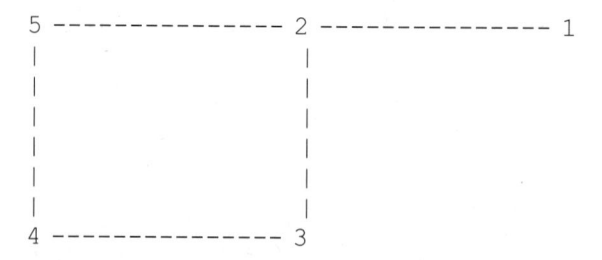

```
5 --------------- 2 --------------- 1
|                 |
|                 |
|                 |
|                 |
|                 |
|                 |
4 --------------- 3
```

Es werden folgende Fächer geprüft:
1. Leinenführigkeit
2. Folgen frei bei Fuß
3. Sitz in Verbindung mit Herankommen
4. Bringen eines dem Hundeführer gehörenden weichen Gegenstandes
5. Schußfest. Dieser Prüfungsteil wird nicht benotet. Es wird nur festgestellt, ob ein Hund schußscheu ist. Schußscheue Hunde können die Prüfung nicht bestehen.

1. Leinenführigkeit

Die/der Führerin/Führer geht mit ihrem/seinem Hund vom Ausgangspunkt 1 bis Punkt 3. Am Punkt 2 und 3 muß der Hund sich auf Kommando setzen. Während der gesamten Strecke soll der Hund der/dem Führerin/Führer willig folgen und bei jeder Gangart dicht an der linken Seite auf Höhe der/des Führerin/Führers laufen.

2. Folgen frei bei Fuß

Der Hund wird nun abgeleint. Die Leine hat sich nicht mehr in der Hand der/des Führerin/Führers zu befinden. Die/der Führerin/Führer geht mit dem Hund frei bei Fuß von Punkt 3 über Punkt 4 nach Punkt 5. An jedem Eckpunkt muß sich der Hund auf einmaliges Sicht- und/oder Hörzeichen setzen. Der Hund muß der/dem Führerin/Führer willig folgen und bei jeder Gangart dicht an der linken Seite auf Höhe der/des Führerin/Führers laufen.

3. Sitz in Verbindung mit Herankommen

Am Punkt 5 wird der Hund zum Sitzen gebracht. Er darf weder winseln noch bellen. Ablegen ist erlaubt. Dann entfernt sich die/der Führerin/Führer über Punkt 2 zum Punkt 1. Dort dreht sie/er sich um und muß ca. 2 Minuten warten. Nach Aufforderung des Richters ruft die/der Führerin/Führer den Hund zu sich. Freudig und in schneller Gangart hat sich der Hund dann seiner/seinem Führerin/Führer zu nähern und auf Sicht- und/oder Hörzeichen vor diese/diesen zu setzen.

4. Bringen eines weichen Gegenstandes

Der neben der/dem Führerin/Führer frei sitzende Hund hat auf einmaliges Hörzeichen hin, in schneller Gangart auf einen vorher etwa 10 m von der/dem Führerin/Führer geworfenen weichen Gegenstand zuzulaufen, ihn sofort aufzunehmen und seiner/seinem Führerin/Führer in schneller Gangart zu bringen. Das Kommando zum Apportieren darf erst auf Anweisung des Richters gegeben werden. Mit dem Gebrachten im Fang hat sich der Hund dicht vor seine/seinem Führerin/Führer zu setzen und das Gebrachte solange im Fang zu halten, bis die/der Führerin/Führer ihm dieses auf ein Kommando hin abnimmt.

5. Schußgleichgültigkeit

Die/der Führerin/Führer entfernt sich von ihrem/seinem frei laufenden Hund. Der Schuß wird abgegeben, sobald der Hund eine Distanz von 50 m erreicht hat und dem Schützen den Rücken zeigt. Der Schuß wird mit einer 9 mm Schreckschußpistole abgegeben und erfolgt in der vom Hund entgegengesetzte Windrichtung und in die Luft.

Benotung: Höchstpunktzahl 16

Die Benotung findet nach einem Punktesystem statt. Als Grundlage dient eine Fehlertabelle, die Bestandteil dieser Prüfung ist. In jedem Fach sind 4 Punkte zu erreichen. Bestanden hat der Hund, der mindestens 8 Punkte erreicht hat. Hunde, die in einer Disziplin 0 Punkte haben oder schußscheu sind, können die Prüfung nicht bestehen.

Bewertung:
```
15 Punkte bis 16 Punkte = sehr gut
13 Punkte bis 14 Punkte = gut
8 Punkte  bis 12 Punkte = bestanden
```

BHP-B

Es werden folgende Fächer geprüft:
1. Leinenführigkeit
2. Folgen frei bei Fuß
3. Sitz in Verbindung mit Herankommen
4. Halt auf Entfernung mit Abholen
5. Ablegen und Außer-Sicht gehen
6. Bringen eines dem Hundeführer gehörenden weichen Gegenstandes
7. Schuß- und Geräuschgleichgültigkeit. Dieser Prüfungsteil wird nicht benotet. Schußscheue Hunde können die Prüfung nicht bestehen.

1. Leinenführigkeit

Der am Halsband angeleinte Hund hat sich bei jeder Gangart dicht an der linken Seite auf Höhe der/des Führerin/Führers zu bewegen. Auf Anordnung des Richters ist die Übung in allen Gangarten mit Rechts-, Links- und Kehrtwendungen vorzuführen. Ein Kommando ist nur bei Beginn und Wechsel der Gangart zulässig. Bleibt die/der Führerin/Führer stehen, so hat sich der Hund auf einmaliges Zeichen sofort an der linken Seite der/des Führerin/Führers zu setzen. Die Führerleine muß während des Führens lose hängen. Auf Anweisung des Richters geht die/der Führerin/Führer mit ihrem/seinem Hund durch eine Gruppe von mindestens 4 Personen und hat innerhalb der Gruppe mehrere Male stehen zu bleiben. Die Gruppe bewegt sich auf und ab und durcheinander. Der Hund hat sich dabei unbeeindruckt zu verhalten.

2. Folgen frei bei Fuß

Auf Anordnung des Richters wird der Hund abgeleint. Die Leine hat sich nicht mehr in der Hand der/des Führerin/Führers zu befinden. Nun folgt die gleiche Übung wie unter 1. Leinenführigkeit beschrieben.

3. Sitz in Verbindung mit Herankommen

Von der Grundstellung aus geht die/der Führerin/Führer mit ihrem/seinem frei neben ihr/ihm laufenden Hund auf das Hörzeichen "Fuß" geradeaus. Nach ungefähr 10 bis 12 Schritten hat sich der Hund auf Kommando zu setzen oder zu legen. Die/der Führerin/Führer darf dabei nicht stehen bleiben. Ohne Einwirkung auf den Hund und ohne sich umzusehen, geht die/der

Führerin/Führer noch 20 Schritte in gerader Richtung weiter, dreht sich zum Hund um und bleibt stehen. Auf Anweisung des Richters ruft die/der Führerin/Führer den Hund heran. Freudig und in schneller Gangart hat sich der Hund seiner /seinem Führerin/Führer zu nähern und auf das Kommando vor oder neben diese/diesen zu setzen. Danach wird der Hund angeleint.

4. Halt auf Entfernung mit Abholen

Die/der Führerin/Führer geht mit ihrem/seinem Hund einige Schritte geradeaus und läßt ihn dann frei laufen. Ist der Hund 10 bis 20 m von der/dem Führerin/Führer entfernt, so gibt diese/dieser nach Anweisung des Richters ein Kommando, worauf der Hund sich zu setzen oder zu legen hat. Die/der Führerin/Führer geht dann in normalem Schrittempo auf den Hund zu und dicht an ihm vorbei. Nachdem sie/er sich etwa 20 m vom Hund entfernt hat, kehrt sie/er zu diesem zurück, läßt ihn sitzen und leint ihn an. Der Hund muß bis zur entsprechenden Aufforderung an seinem Platz bleiben.

5. Ablegen und Außer-Sicht-gehen

Die/der Führerin/Führer legt ihren/seinen Hund ohne Leine ab, geht dann mindestens 25 m außer Sicht, so daß sie/ihn der Hund nicht sehen kann. Nach 5 Minuten (Toleranz 20 Sek.) kommt die/der Führerin/Führer wieder zu ihrem/seinem Hund zurück, läßt ihn sitzen und leint ihn an. Der Hund muß bis zur Rückkehr seiner/seines Führerin/Führer ruhig, ohne zu jaulen und zu kläffen, auf seinem Platz liegen bleiben. Ein Aufrichten in Sitzstellung ist erlaubt. Der Hund darf beim Abholen an der/dem Führerin/Führer nicht hochspringen.

6. Bringen eines weichen Gegenstandes

Der neben der/dem Führerin/Führer frei sitzende Hund hat auf einmaliges Kommando in schneller Gangart auf einen vorher etwa 10 m geworfenen weichen Gegenstand zuzulaufen, diesen sofort aufzunehmen und seiner/seinem Führerin/Führer freudig zu bringen. Das Kommando zum Apportieren darf erst auf Anweisung des Richters gegeben werden. Mit dem Gebrachten im Fang hat sich der Hund dicht vor seiner/seinem Führerin/Führer zu setzen und erst auszugeben, wenn die/der Führerin/Führer das Kommando dazu gibt. Die/der Führerin/Führer hat solange in Grundstellung zu bleiben, bis der Hund sich wieder links neben sie/ihn gesetzt hat.

7. Schuß- und Geräuschgleichgültigkeit

Schußtest

Die/der Führerin/Führer und der frei laufenden Hund entfernen sich vom Schützen. Die Schüsse werden abgegeben, sobald der Hund eine Mindestdistanz von 25 m und eine Maximaldistanz von 50 m erreicht hat und dem Schützen den Rücken zeigt. Bei allen 3 Schüssen soll eine Distanz von mindestens 15 m zwischen Führer und Hund gegeben sein. Die Schüsse erfolgen in die vom Hund entgegengesetzte Windrichtung und in die Luft.

Geräuschgleichgültigkeit

Die/der Führerin/Führer geht mit ihrem/seinem frei laufenden Hund an drei bis vier Geräuschquellen vorbei (z.B. Auto mit Hupe, Fahrrad mit Klingel, Dose mit Steinen, Türschlagen, o.ä.).

Benotung: Höchstpunktzahl 24

Die Benotung findet nach einem Punktesystem statt. Als Grundlage dient eine Fehlertabelle, die Bestandteil dieser Prüfung ist. In jedem Fach sind 4 Punkte zu erreichen. Bestanden hat der Hund, der mindestens 12 Punkte erreicht hat. Hunde, die in einer Disziplin 0 Punkte erreicht haben oder schußscheu sind, können die Prüfung nicht bestehen.

Bewertung:
```
22 Punkte bis 24 Punkte = sehr gut
19 Punkte bis 21 Punkte = gut
12 Punkte bis 18 Punkte = bestanden
```

BHP Verkehrsteil C

Es werden folgende Fächer geprüft:
1. Führigkeit und Verhalten im Straßenverkehr
2. Verhalten des Hundes unter erschwerten Verkehrsverhältnissen
3. Verhalten des kurzfristig im Verkehr angeleinten, allein gelassenen Hundes; Verhalten in dieser Situation gegenüber Tieren.

1. Führigkeit und Verhalten im Straßenverkehr

Auf Anweisung des Richters begeht der HF mit seinem angeleinten Hund einen angewiesenen Straßenabschnitt auf dem Gehweg. Der Richter folgt dem HF in angemessener Entfernung.
Der Hund soll an der linken Seite des HF an loser hängender Leine - mit der Schulter in Kniehöhe des HF bleibend - willig und freudig folgen. Dem Fußgänger - und Fahrverkehr gegenüber soll sich der Hund gleichgültig verhalten.

Auf dem Weg wird der Hundeführer von einen vorbeilaufenden Passanten (Auftragsperson) geschnitten.

Kurze Zeit später überholt den HF ein dicht von hinten vorbeifahrender Radfahrer (Auftragsperson) auf dem Radweg oder Fahrbahn. Das Vorbeifahren hat so zu erfolgen, daß sich der Hund zwischen HF und vorbeifahrenden Radfahrer befindet. Im Vorbeifahren wird Klingelzeichen gegeben. Danach macht der HF eine Kehrtwendung, geht auf den nachfolgen Richter zu, bleibt stehen, begrüßt ihn mit Handschlag und unterhält sich mit ihm. Der Hund darf hierbei stehen, liegen oder sitzen, hat sich aber ruhig zu verhalten.

2. Verhalten des Hundes unter erschwerten Verkehrsverhältnissen

Auf Anweisung des Richters bewegt sich der HF mit seinem angeleinten Hund inmitten stärkeren Passantenverkehrs. Der Hundeführer hat zwischendurch zweimal zu halten. Bei ersten Mal hat sich der Hund auf Kommando zu setzen, beim zweiten Mal erhält der Hund ein "Platz" Kommando, worauf er sich schnell hinlegen und liegenzubleiben hat. Innerhalb dieser Übung ist ein kurzes Verweilen an einer Stelle mit starker lebhafter Geräuschkulisse einzuflechten (vorbeifahrende Züge, Durchschreiten einer Unterführung - Überführung bei Zugfahrten, Straßenbahn, LKW-Verkehr).

Der Hund soll auch im starken Passantenverkehr und auch bei außergewöhnlichen Geräuschen seinen HF aufmerksam willig und unbeeindruckt folgen. (Geeignete Örtlichkeiten für diese Übung: Belebte Plätze, Bahnhofshallen, Omnibusbahnhöfe, Marktplätze usw.)

3. Verhalten des kurzfristig im Verkehr angeleinten, allein gelassenen Hundes; Verhalten in dieser Situation gegenüber Tieren.

Auf Anweisung des Richters begeht der HF mit seinem angeleintem Hund den Gehweg einer mäßig belebten Straße. Nach kurzer Strecke hält der Hundeführer auf Anweisung des Richters und befestigt die Führerleine an einem Zaun, Mauerring oder dergleichen.

Der Hundeführer begibt sich dann für 2 Minuten außer Sicht des Hundes in ein Geschäft oder Hauseingang. Der Hund darf stehen oder liegen.

Während der Abwesenheit des HF geht ein Passant (Auftragsperson) mit einem angeleinten Hund in einer seitlichen Entfernung von etwa 5 Meter am Prüfungshund vorbei. Der allein gelassene Hund soll sich während der Abwesenheit des HF ruhig verhalten. Den vorbei geführten Hund (keine Raufer verwenden) soll er ohne Angriffshandlung starkes Ziehen und Zerren an der Leine, ausdauerndes Bellen) passieren lassen.

Es bleibt dem Richter überlassen, ob er die einzelnen Übungen mit jedem einzelnen Hund an den jeweils vorgesehenen Orten durchführen oder ob er alle Prüflinge nur je eine Übung absolvieren läßt und dann den nächsten Prüfungsort aufsucht und dort ebenso verfährt.

Prüfungsordnung für die Begleithundeprüfung des Labrador Clubs Deutschland (LCD)

Zweck der Prüfung

Die Prüfung soll zeigen, daß der Hund so erzogen und ausgebildet ist, daß er sich zu Hause und in der Öffentlichkeit nicht störend, belästigend oder gefährdend verhält, und daß man sich überall ohne Beanstandungen bewegen kann. Die Prüfungsordnung soll außerdem die Leichtführigkeit des Labradors herausstellen.

Prüfungsfächer

1. Leinenführigkeit

Der angeleinte Hund hat sich bei jeder Gangart dicht an der linken Seite auf der Höhe des Führers zu bewegen. Auf Anordnung des Richters ist die Übung im normalen, langsamen Schritt und Laufschritt vorzuführen, wobei Rechts-, Links- und Kehrtwendungen einzuhalten sind. Ein Kommando ist nur beim Angehen und Wechsel der Gangart zulässig. Bleibt der Führer stehen, so hat sich der Hund auf einmaliges Zeichen sofort an die linke Seite des Führers zu setzen. Die Führleine muß während des Führers lose hängen. Alle anderen Einwirkungen des Führers sind nicht erlaubt. Auf Anweisung des Richters geht der Führer mit dem Hund durch eine Gruppe von mindestens vier Personen und hat innerhalb der Gruppe mehrere Male stehenzubleiben. Die Gruppe bewegt sich einige Schritte auf und ab und durcheinander. Der Hund hat sich dabei unbeeindruckt zu verhalten.

2. Freifolge bei Fuß

Auf Anordnung des Richters wird der Hund abgeleint. Der Führer hängt sich die Leine um oder steckt sie in die Tasche. Nun folgt die gleiche Übung wie bei 1. beschrieben.

3. Ablegen in Verbindung mit Herankommen

Von der Grundstellung aus geht der Führer mit seinem frei neben ihm sitzenden Hund auf das Hörzeichen "Fuß" oder dergleichen geradeaus. Nach ungefähr 10 bis 12 Schritten hat sich der Hund auf das Zeichen "Platz" o.ä. hinzulegen oder auf das Kommando "Sitz" o.ä. hinzusetzen. Ohne andere Einwirkung auf den Hund und ohne sich umzusehen,, geht der Führer noch ungefähr 20 Schritte in gerader Richtung weiter, dreht sich zum Hund um und bleibt stehen. Auf Anweisung des Richters ruft der Führer seinen Hund heran. Freudig und in schneller Gangart hat sich der Hund zu nähern und auf Sicht- oder Hörweite vor diesen zu setzen. Danach wird der Hund angeleint.

4. Ablegen auf Entfernung

Der Hundeführer geht mit seinem Hund frei bei Fuß einige Schritte geradeaus und läßt ihn dann frei laufen. Ist der Hund 10-20 Meter vom Führer entfernt, so gibt dieser auf Anweisung des Richters ein Kommando, worauf sich der Hund zu setzen oder zu legen hat. Der Führer geht dann in normalem Schrittempo auf den Hund zu und an ihm vorbei. Nachdem er sich etwa 20 Meter vom Hund entfernt hat, kehrt er zum Hund zurück, läßt ihn sitzen und leint ihn an. Der Hund muß bis zur Aufforderung "Sitz" an seinem Platz bleiben.

5. Ablegen und Außer-Sicht-Gehen

Der Führer legt seinen Hund ab und geht außer Sicht, so daß ihn der Hund nicht sehen kann. Nach 5 Minuten kehrt der Führer wieder zu seinem Hund zurück, läßt ihn sitzen und leint ihnt an. Er geht einige Schritte an der Leine weiter. Der Hund muß bis zur Rückkehr seines Führers liegen bleiben. Ein Aufrichten des Hundes bis zum Sitzen ist erlaubt. Der Hund soll beim Abholen nicht am Führer hochspringen.

6. Bringen eines dem Hundeführer gehörenden weichen Gegenstandes

Der neben dem Führer frei sitzende Hund hat auf ein einmaliges Hörzeichen (Bring, Apport o.ö.) hin in schneller Gangart auf einen vorher etwa 10 Schritt weit geworfenen weichen Gegenstand zuzulaufen, diesen sofort aufzunehmen und seinem Führer in schneller Gangart zu bringen. Das Hörzeichen "Bring" oder "Apport" o.ä. darf erst auf Anweisung des Richters gegeben werden. Mit dem Gebrachten im Fang hat sich der Hund dicht vor den Führer zu setzen oder zu stellen und das Gebrachte solange im Fang zu halten, bis der Führer ihm dieses auf das Kommando "Aus" o.ä. abnimmt. Auf ein weiteres Kommando hat sich der Hund wieder neben seinen Führer zu setzen. Der Führer hat solange in Grundstellung zu bleiben, bis der Hund sich wieder links neben ihn gesetzt hat.

Schuß- und Geräuschgleichgültigkeit

Die Schuß- und Geräuschgleichgültigkeit des Hundes wird nicht benotet. Es wird lediglich festgestellt, ob ein Hund schuß- und geräuschfest ist. Schuß- und geräuschscheue Hunde können die Prüfung nicht bestehen. Schußtest: 9mm Schreckschußpistole.

Protokollnotiz:

Schußdistanzen: ca. 100 m, 50 m und 25 m

PRÜFUNGSORDNUNG FÜR BEGLEITHUNDE IM DEUTSCHEN RETRIEVERCLUB (DRC) TEIL A + B

A. BEGLEITHUNDEPRÜFUNG AUF EINEM ÜBUNGSPLATZ ODER FREIEM GELÄNDE

1. Leinenführigkeit und Unbefangenheit Von der Grundstellung aus hat der angeleinte Hund seinem HF auf <u>ein</u> einmaliges Kommando freudig zu folgen. Der Hundeführer hat mit seinem Hund etwa 40 m in gerader Linie hin und zurück zu gehen. Der Hund hat stets mit dem Schulterblatt in Kniehöhe an der linken Seite des HF zu bleiben, er darf nicht vor, nach oder seitlich laufen. Die Übung ist auf der Geraden im gewöhnlichen, langsam und im Laufschritt zu zeigen.

Im gewöhnlichen Schritt sind mindestens jeweils eine Rechts- Links- und Kehrtwendung zu zeigen. Beim "Angehen", beim Wechsel der Gangart "schnell, langsam, gewöhnlich" und bei einer Richtungsänderung "links, rechts, Kehrtwende" ist dem Hundeführer ein Kommando gestattet. Während der gewöhnlichen Gangart muß der HF min. 2x stehen bleiben. Der Hund hat sich in diesem Fall ohne Einwirkung des Hundeführers zu setzen. Der HF darf hierbei seine Grundstellung nicht verändern und insbesondere nicht an den evtl. abseits sitzenden Hund herantreten. Die Führleine soll während des Führens lose durchhängen. Auf Anweisung des Richters geht der HF mit seinem Hund durch eine Gruppe von mind. vier Personen. Der HF hat in der Gruppe vor einer Person min. einmal zu halten, wobei sich der Hund ohne Einwirkung des Führers in die Sitzposition begeben muß.

Die Gruppe hat sich möglichst durcheinander zu bewegen. Zurückbleiben, Vordrängen, seitliches Abweichen des Hundes sowie zögerndes Verharren des HF bei den Wendungen sind punktmindernd.

2. Freifolgen

Auf Anordnung des Richters wird der Hund in der Grundstellung abgeleint. Die Leine muß aus dem Sichtbereich des Hundes entfernt werden. Der HF begibt sich mit seinem freifolgenden Hund sofort wieder in die noch aus der Übung 1 wartende Personengruppe, um dort mindestens bei einer Person stehen zu bleiben. Der Hund hat sich ohne Einwirkung des Führers zu setzen.

Nach Verlassen der Gruppe nimmt der HF mit dem freifolgenden Hund die Grundstellung ein und beginnt dann die Freifolge analog der Festlegungen zu Übung 1.

3. Hinsetzen und Sitzenbleiben in Verbindung mit Herankommen

Vor der Grundstellung aus geht der HF mit seinem frei neben ihm sitzenden Hund auf einmaliges Kommando geradeaus. Nach Aufforderung durch den Richter hat sich der Hund auf einmaliges Kommando schnell zu setzen, wobei der Hundeführer seine Gangart nicht verlangsamt sondern zügig weitergeht, ohne sich zu dem Hund umzudrehen. Nach ca. 20 m bleibt der HF stehen und dreht sich zu seinem Hund um. Hinlegen, Aufstehen, dem HF nachfolgen sind fehlerhaft.

Auf Anweisung des Richters ruft der HF seinen Hund heran. Freudig und in schneller Gangart hat sich der Hund seinem HF zu nähern und sich dicht vor diesen zu setzen. Auf ein Kommando hat sich der Hund dann neben den HF in Grundposition zu begeben.

4. Ablegen und Liegenbleiben

Von der Grundstellung aus geht der HF mit seinem frei neben ihm sitzenden Hund auf einmaliges Kommando geradeaus. Auf Anweisung des Richters hat der HF dem Hund ein Platzkommando zu geben ohne dabei stehen zu bleiben. Der Hund hat sich schnell ohne zu zögern hinzulegen. Ohne Einwirkung auf den Hund und ohne sich umzusehen, geht der HF ca. 30 m weiter, dreht sich dann um und bleibt dort etwa 1 Minute stehen. Kehrt dann auf Anweisung des Richters zu seinem Hund zurück und nimmt an dessen rechter Seite Grundstellung ein. Erst auf Anweisung des Richters hat sich der Hund dann in die Sitzposition zu begeben.

Hinsetzen, Aufstellen, dem HF folgen, Aufsitzen nach Rückkehr ohne Kommando sind fehlerhaft.

5. Ablegen des Hundes unter Ablenkung

Der HF legt seinen Hund ohne die Leine oder sonst einen Gegenstand bei ihm zu belassen ab. In Sicht des Hundes bleibend, geht der HF etwa 40 m vom Hund weg und bleibt mit dem Rücken zum Hund gewendet stehen. Eine Gruppe von mindestens drei Passanten und einer Auftragsperson mit einem angeleinten Hund (kein Raufer), geht auf den HF zu, begrüßt diesen und entfernt sich sodann gemeinsam mit dem HF aus dem Sichtbereich des Hundes. Nach einer Minute kehrt der HF auf Anweisung des Richters zu seinem Hund zurück und nimmt an dessen Seite Grundstellung ein. Erst auf Anweisung des Richters hat sich der Hund dann in die Sitzposition zu begeben. Hinsetzen, Aufstellen, dem HF folgen, Aufsitzen nach Rückkehr ohne Kommando sind fehlerhaft.

Entfernt sich der Hund mehr als 3 m vom Ablegeplatz, so ist die Übung mit 0 Punkten zu bewerten.

6. Bringen eines weichen Gegenstandes

Der HF steht in der Grundstellung mit seinem unangeleinten Hund. In einer Entfernung von ca. 5 m neben dem Hund steht der Richter mit dem vom HF mitgebrachten weichen Gegenstand (Dummy). Der Richter wirft diesen Gegenstand mit einem Geräusch ca. 15 m in gerader Linie. Der Hund hat neben dem HF sitzen zu bleiben. Auf Anweisung des Richters gibt der HF dem Hund ein Kommando zum apportieren. Der Hund soll in schneller, freudiger Gangart in gerader Linie zum Dummy laufen, das Dummy ohne zusätzliches Kommando aufnehmen und sofort zum HF mit dem Dummy zurückkehren. Beim HF angekommen, sollte sich der Hund nach Möglichkeit vorsetzen und erst auf ein Kommando das Dummy in die Hand des HF abgeben. Auf ein weiteres Kommando hat sich der Hund wieder in die Grundstellung zu begeben.

7. Schußgleichgültigkeit

Die Schußgleichgültigkeit des Hundes wird nicht benotet. Es wird lediglich festgestellt, ob ein Hund schuß- oder geräuschscheu ist. Schuß- und geräuschscheue Hunde können die Prüfung nicht bestehen. Auf Schußgleichgültigkeit muß besonderer Wert gelegt werden. Die Schüsse werden in einer Entfernung von 30 - 50 m vom Hund abgegeben und zwar zwei Schüsse im Abstand von 10 Sekunden. (Kaliber 9 mm - Schreckschuß). Der Hund ist hierbei nicht angeleint. Sucht der Hund Schutz beim Führer und erholt sich nicht in angemessener Zeit, ist ihm Schußscheue zu bescheinigen. läuft der Hund auf den Schuß weg, ist er von der weiteren Prüfung auszuschließen.

B. VERKEHRSSICHERHEITSPRÜFUNG IN PRAKTISCHER AUSFÜHRUNG

Allgemeines

Die Übungen sollen im öffentlichen Verkehrsraum(Straßen oder Plätze) mit mäßigem Verkehr durchgeführt werden. Der öffentliche Verkehr darf unter keinen Umständen beeinträchtigt werden. Nur der zu prüfende Hund, sein HF, der Richter ggf. der Prüfungsleiter sind in Aktion. Alle anderen an der Prüfung beteiligten HF und Hund halten sich abseits an einem geeigneten angewiesenen Ort (Treffpunkt) auf Abruf bereit. Die Durchführung dieses Teils der Prüfung erfordert wegen ihrer Eigenart einen erheblichen Zeitaufwand. Die Leistungsforderungen dürfen nicht durch oberflächliche Abnahme vieler Hunde beeinträchtigt werden. Daher dürfen an einem Tag max. 12 Hunde im Teil B gerichtet werden. Für das Bestehen dieser Prüfungsabteilung ist der gesamte Eindruck über den sich im Verkehr bewegenden Hund maßgeblich. Punkte werden für die einzelnen Übungen nicht vergeben.

Es wird lediglich bescheinigt "Teil B Verkehrsicherheitsprüfung bestanden" oder "Teil B" Verkehrsicherheitsprüfung nicht bestanden".

Prüfungsablauf

1. Führigkeit und Verhalten im Straßenverkehr

Auf Anweisung der Richters begeht der HF mit seinem angeleinten Hund einen angewiesenen Straßenabschnitt auf dem Gehweg. Der Richter folgt dem HF in angemessener Entfernung.

Der Hund soll an der linken Seite des HF an lose hängender Leine - mit der Schulter in Kniehöhe des HF bleibend - willig und freudig folgen. Dem Fußgänger- und Fahrverkehr gegenüber soll sich der Hund gleichgültig verhalten.

Auf seinem Weg wird der HF von einem vorbeilaufenden Passanten (Auftragsperson) geschnitten.

Kurze Zeit später überholt den HF ein dicht von hinten vorbeifahrender Radfahrer (Auftragsperson) auf dem Radweg oder Fahrbahn. Das Vorbeifahren hat so zu erfolgen, daß sich der Hund zwischen HF und vorbeifahrendem Radfahrer befindet. Im Vorbeifahren wird Klingelzeichen gegeben. Danach macht der HF eine Kehrtwendung, geht auf den nachfolgenden Richter zu, bleibt stehen, begrüßt ihn mit Handschlag und unterhält sich mit ihm. Der Hund darf hierbei stehen, liegen oder sitzen, hat sich aber ruhig zu verhalten.

2. Verhalten des Hundes unter erschwerten Verkehrsverhältnissen

Auf Anweisung des Richters bewegt sich der HF mit seinem angeleinten Hund inmitten stärkeren Passantenverkehrs. Der HF hat zwischendurch zweimal zu halten. Beim ersten Mal hat sich der Hund auf Kommando zu setzen, beim zweiten Mal erhält der Hund ein "Platz" Kommando, worauf er sich schnell hinzulegen und liegenzubleiben hat. Innerhalb dieser Übung ist ein kurzes Verweilen an einer Stelle mit starker lebhafter Geräuschkulisse einzuflechten (vorbeifahrende Züge, Durchschreiten einer Unter- oder Überführung bei Zugfahrten, Straßenbahn, LKW-Verkehr). Der Hund soll auch im starken Passantenverkehr und bei außergewöhnlichen Geräuschen seinem HF aufmerksam, willig und unbeeindruckt folgen. (Geeignete Örtlichkeiten für diese Übung: Belebte Plätze, Bahnhofshallen, Omnibusbahnhöfe, Marktplätze usw.)

3. Verhalten des kurzfristig im Verkehr angeleinten allein gelassenen Hundes; Verhalten in dieser Situation gegenüber Tieren.

Auf Anweisung des Richters begeht der HF mit angeleintem Hund den Gehweg einer mäßig belebten Straße. Nach kurzer Strecke hält der HF auf Anweisung des Richters und befestigt die Führerleine an einem Zaun, Mauerring oder dergleichen. Der HF begibt sich dann für zwei Minuten außer Sicht des Hundes in ein Geschäft oder einen Hauseingang. Der Hund darf stehen, sitzen oder liegen.

Während der Abwesenheit des HF geht ein Passant (Auftragsperson) mit einem angeleinten Hund in einer seitlichen Entfernung von etwa 5 m am Prüfungshund vorbei. Der allein gelassene Hund soll sich während der Abwesenheit des HF ruhig verhalten. Den vorbeigeführten Hund (keine Raufer verwenden) soll er ohne Angriffshandlung (starkes Ziehen und Zerren an der Leine, ausdauerndes Bellen) passieren lassen.

4. Gehorsamsüberprüfung im Verkehr

An geeigneter Stelle (wo auch das Ableinen eines Hundes möglich ist) leint der HF auf Anweisung des Richters seinen Hund ab und läßt ihn zwanglos und ohne weitere Einwirkungen laufen.

Auf Anweisung des Richters ruft der HF alsdann seinen Hund mit Namen und Hörzeichen zu sich heran und leint ihn an. Der Hund soll schnell zum HF zurückkehren und sich willig anleinen lassen. Ein zwei- bis dreimaliges Hörzeichen ist erlaubt. Ob der Hund sich nach der Rückkehr zum HF zum Anleinen vor diesen setzt oder er stehend angeleint wird, bleibt dem HF überlassen.

Anmerkungen

Es bleibt dem Richter überlassen, ob er die einzelnen Übungen mit jedem einzelnen Hund an den jeweils vorgesehenen Orten durchführen oder ob er alle Prüflinge nur je eine Übung absolvieren läßt und dann den nächsten Prüfungsort aufsucht und dort ebenso verfährt.

KURZÜBERSICHT

Grundsätzlich bei Fehlern immer einen Übungsschritt zurückgehen!!!

Nie einen Trainingsschritt überspringen!!!

Das Sitz

Hörzeichen kennenlernen

Ein Leckerchen mit der rechten Hand vor die Hundenase halten, ggf. mit der linken Hand Hinterteil zu Boden drücken, gleichzeitig Hörzeichen "Sitz"

Sitz bei Fuß

Der angeleinter Hund befindet sich an Ihrer linken Seite, mit der rechten Hand die Leine über dem Hundekopf leicht hochziehen und mit der linken Hand Hinterteil des Hundes zu Boden und gegen den linken Unterschenkel drücken gleichzeitig das Hörzeichen "Sitz bei Fuß"

Bleib I

Grundstellung mit dem angeleintem Hund. Leine in die linke Hand, mit der rechten Hand das Bleibzeichen geben und gleichzeitig Hörzeichen "Bleib", dann mit dem rechten Fuß einen Schritt vor den Hund treten, umdrehen und warten. Anschließend zurück in die Grundstellung gehen und loben.

Bleib II

Wie Bleib I, aber die Leine ausgestreckt auf den Boden legen und rückwärtsgehend stufenweise die Entfernung zum Hund vergrößern

Achtung!

Immer das erste Kommando durchsetzen. Beim Kommando "Bleib" den Hund ggf. immer zur selben Stelle zurückbringen.

Die Leinenführigkeit

Hörzeichen kennenlernen

Grundstellung, Hörzeichen "Fuß" geben und eine kurze Strecke geradeaus gehen. Die Leine soll dabei immer locker durchhängen; ggf. den Hund mit einem Leinenruck und Stimme korrigieren, mit Sitz bei Fuß anhalten.

Linkswendung

Aus dem Fußgehen heraus plötzlich links abbiegen; den Hund dabei mit dem linken Bein blockieren, währenddessen aber keinesfalls die Leine verkürzen.

Rechtswendung

Aus dem Fußgehen heraus den Hund ansprechen und dann plötzlich rechts abbiegen. Ggf. mit der linken Hand locken und / oder einen Leinenruck geben, dabei aber keinesfalls den Bewegungsfluß unterbrechen.

Schwierigkeitsgrad erhöhen

In unterschiedlichen Gangarten üben, mit allen Richtungsänderungen kombinieren.

Achtung!

Die Leine muß immer locker durchhängen (außer bei Korrekturen), kein Beißen in die Leine, kein Spielen mit anderen Hunden, nicht schnuppern lassen, der Hund soll immer aufmerksam sein.

Folgen frei-bei-Fuß

Geradeaus

Grundstellung, den Hund ableinen und mit dem Hörzeichen "Fuß" losmarschieren Nur eine kurze Strecke geradeaus gehen, mit Sitz bei Fuß anhalten. Anfangs an einer Mauer, Zaun o.ä. entlang gehen.

Richtungsänderungen und Gangarten

Stufenweise die, in Leinenführigkeit beschriebenen, Richtungsänderungen und Tempowechsel einüben, dabei zu Anfang Leckerchen, Dummy zu Hilfe nehmen.

Schwierigkeitsgrad erhöhen

In Ablenkungssituationen üben, z.B. mit anderen Hunden, durch Menschengruppe gehen usw.

Achtung!

Das Intervall zwischen Ableinen und Kommando auch im Alltagsleben immer unterschiedlich lange gestalten. Viel mit Stimme arbeiten, bei Problemen immer auf die Leine zurückgreifen und den Schwierigkeitsgrad nur langsam steigern.

Halt auf Pfiff

Signal kennenlernen

Den Trillerpfiff immer unmittelbar vor dem Hörzeichen "Sitz" geben. Später langsam das verbale Kommando reduzieren.

Halt aus der Bewegung

Während einer Bei-Fuß-Übung plötzlich Haltpfiff; den eigenen Schritt nur verzögern und mit der rechten Hand das Bleibsignal geben. Ggf. zusätzlich ein verbales Kommando geben. Einige Schritte weitergehen, etwas warten und dann zum Hund zurückgehen und loben.

Halt auf Entfernung

Grundstellung, den Hund ableinen und mit "Lauf" freigeben. Wenn er sich in 2-3 m Entfernung befindet Haltpfiff geben; ggf. zusätzlich verbales Kommando. Die Entfernung unbedingt langsam steigern.

Voran

Futterschüssel mit Leckerchen in Entfernung vom Hund aufstellen; mit "Voran" schicken, abpfeifen; später das Leckerchen weglassen. Die Entfernung langsam steigern und schließlich ohne Hilfsmittel üben; ggf. ähnlich mit einem Dummy arbeiten.

Achtung!

Das Kommando immer durchsetzen.

Kommen auf Befehl

Vorübung

Versteckspiel: Der Führer versteckt sich und läßt den Hund suchen; zwischen zwei Familienmitgliedern hin- und herrufen

Hörzeichen kennenlernen

Sitz und Bleib, dann aus einigen Metern Entfernung den Hund locken, dabei ggf. in die Hocke gehen, während er kommt Hörzeichen "Hier"; später mit Voran-Übungen kombinieren.

Schwierigkeitsgrad erhöhen

Die Entfernungen langsam vergrößern und Ablenkungen einbauen, dabei aber immer noch aus der Bleib-Position und nur mit dem Hörzeichen abrufen.

Achtung!

Nie dem Hund hinterherlaufen, ggf. immer vom Hund entfernen. Das Hörzeichen nur geben, wenn ein Erfolg einigermaßen sicher ist. Das Zurückkommen muß immer positiv sein. Die Übung immer mit Körperkontakt beenden.

Platz oder Down

Hörzeichen kennenlernen

Sitzposition und den Hund mit Leckerchen zum Ablegen bewegen, ggf. Vorderpfoten wegziehen, gleichzeitig das Hörzeichen geben.

Bleib

Den Hund ablegen, das optisches Bleibzeichen und gleichzeitig das Hörzeichen "Bleib" geben; mit dem rechten Fuß einen Schritt vor den Hund treten, umdrehen, warten, zurückgehen und loben. Die Entfernungen stufenweise steigern.

Außer Sicht

Wie Bleib, dabei aber kurz aus dem Sichtbereich des Hundes entfernen. Die Zeitdauer allmählich vergrößern und nach Möglichkeit den Hund unbemerkt kontrollieren.

Achtung!

Übung nie vom Hund beenden lassen; ggf. immer zum gleichen Platz zurückbringen. Den Schwierigkeitsgrad langsam steigern, wenn nötig einen Trainingsschritt zurückgehen.

Das Apportieren

Dummy kennenlernen

Mit dem Dummy spielen, es liebkosen usw., jedoch ohne daß der angeleinte Hund es bekommen darf. Schließlich mit dem Hörzeichen "Apport" aus der Hand nehmen lassen, einige Schritte laufen, dabei loben und dann mit dem Kommando "Aus" Dummy abnehmen.

Festhalten

Den Hund an der Leine sitzen lassen. Mit der rechten Hand das Dummy vor den Fang halten, Hörzeichen "Apport" geben und ggf. mit der linken Hand den Fang öffnen. Den Hund das Dummy halten lassen, währenddessen aber den Unterkiefer unterstützen und loben; das Dummy darf erst nach dem Hörzeichen "Aus" abgegeben werden. Den Schwierigkeitsgrad steigern, indem der Hund das Dummy an der Leine transportieren muß.

Apportieren an der Leine

Der Hund bleibt sitzen, während das Dummy einige Meter vor dem Hund auf den Boden gelegt wird. Zum Hund zurückgehen, die Leine aufnehmen und mit Kommando "Apport" zum Dummy laufen. Ihn aufnehmen lassen, einige Schritte weiter laufen, vorsitzen und mit Hörzeichen "Aus" aus dem Fang nehmen.

Zwischenapport

Den Hund ableinen, Kommando "Bleib" geben und das Dummy in 20 m Entfernung auf den Boden legen. Dann nochmals 10 m weitergehen und den Hund mit "Apport" heranrufen, dabei ggf. mit dem Hörzeichen "Hier" das Zurückkommen verstärken.

Steadiness

Aus der Grundstellung mit angeleintem Hund das Dummy werfen, Kommando "Bleib" geben und das Dummy selbst holen gehen. Einspringen ggf. mit Leinenruck und Stimme korrigieren. Dies wiederholen bis der Hund mehrfach ruhig sitzen blieb, dann ableinen und mit dem Hörzeichen "Apport" schicken.

Achtung!

Evtl. Fehler immer mit Leine korrigieren; winseln und jaulen nicht tolerieren.
Apport mit Helfer

Der Hund sitzt unangeleint in Grundstellung. Ein Helfer wirft in einiger Entfernung das Dummy, einige Sekunden warten, dann den Hund schicken. Sollter der Hund einspringen, sichert der Helfer das Dummy. Wenn nötig die Übung mit der Leine wiederholen.

Einfachapport

Der Hund sitzt unangeleint in Grundstellung. Das Dummy einige Meter werfen, einen Moment warten, den Hund schicken, vorsitzen lassen, Dummy ausnehmen, bei Bedarf Hund in Grundstellung gehen lassen und loben.